美国行政机关

认定标准及变迁

王军　著

AGENCY IN THE U.S.LAW

上海人民出版社

序

“行政机关”是一个既简单又复杂的法律概念。就简单而言，其在观念层面上似乎是不证自明，即使基于日常生活也明了一二的事项。但是，自中国20世纪90年代初《行政诉讼法》施行起，“行政机关”便成为必须在法解释谱系上被精确分析和定义的法律技术概念，或者从另一方面而言，该概念在制定法律争议的制度环境中才第一次真正获得了法律的属性。而仅仅稍早于立法时刻起步的中国行政法学，其诸如行政主体、行政行为等概念中的相关内容也扎根于此并发展出诸多实定法性质的内容。

中国《行政诉讼法》自开始至今的二十多年，也正是中国与国际社会紧密互动、国家社会转型发展的二十多年，由此也需要作为实定法上的概念“行政机关”去应对立法之前不曾存在的各种情况，多角度多基点的解释方法被不断开发，被广泛灵活运用的“法律法规规章授权组织”就是一例。这也正是定义“行政机关”时的复杂性所在。

这些复杂性都意味着行政法学界的研究视线在追逐最前沿问题的同时，还需要回到学理的原点，回到基本概念，关注其发生和发展的路径，从而重新归结出法律上的新判断方法。这样的研究过程中，比较法无疑是不可欠缺的研究视角和方法。

《美国行政机关：认定标准及变迁》一书正是基于上述的问题意识，首先选取以美国法为研究对象的学术作品。本书以厘定“国家—社会”二元关系中行政权的边界为关照，沿着美国法上规范衍变的脉络，完整、系统、深入地剖析了行政机关这一不确定法律概念的判例演进，并在此基础上总结出“行政职能”标准和“监管关系”标准。以此为前提，作者还总结了认定标准的变迁并挖掘出标准变迁的推力，力图廓清“立法—学理—判例”互动过程中的制度背景，呈现认定标准的历史生成和制度变迁。最终，作者尝试将我国现实予以带入，在充分甄别的基础上开展了审慎的比较法作业，并从具体事例的引入、法律移植的效果等角度提出值得进一步反思的问题。

本书作者王军，是我指导的学生。经过七年修读，他以《私人主体的信息公开义务》《何为行政机关》为题先后完成硕士、博士学位论文，并针对我国法律实践中出现的公共企事业单位信息公开、私主体的公法义务、合作治理中的责任分担等难题形成了系列研究。就本书而言，其价值和特色主要体现在以下四个方面：

一是有助于推进、深化对行政机关概念的理论研究和实践探索。长期以来，“行政机关”作为行政诉讼被告的同义用语，绝大多数情形下均被用于程序意义上当事人确定的场合，而少之又少地从行政机关概念的内涵与外延、行政权的边界等角度切入展开讨论。本书紧紧抓住“行政机关的认定标准”这一核心研究任务，从争议的核心场域——私主体是否可以在功能上被视为行政机关从而承担公法义务——为切入点，将作为行政法学基础概念的行政机关展开了一次视角新颖、论述深入的集中研究。同时，分析推动行政机关认定标准演进的制度述理，还可以从国家与社会二元分离的角度非常精准地叙写行政机关的宽狭，重新审视、反思行政权的边界及其作用范围，这可以为我国行政法学研究提供最为基础的概念与视野。

二是有助于推进行政法学研究角度的革新。目前，我国行政法学因受到行政诉讼法上相关规定的深刻影响，往往以“行政行为”作为统摄理论体系的核心概念，由此“行政机关”承担的功能也就只能停留在“行政行为”的作出主体上。受此影响，我国行政法学在行政机关、行政组织法等研究议题上均呈现出较为羸弱的局面，这与学界和实务界对于行政机关概念的忽视不无关联。本书的研究，在这一背景下显得极为必要。全书在概念分析的过程中也注重制度形成和学理推进，因而在促动行政机关作为行政法学基础概念的研究方面，有研究视角革新意义上的价值。

三是建基于大量一手原始资料之上的比较法研究。行政机关的认定本身嵌在一个国家的社会结构之中，既回应过去和当下面临的问题，又为未来新问题的解决提供思路。本书从比较法的视野切入，大量运用美国法上最新、较全的一手研究资料，以对中美两国在政治、经济、社会等领域存在不同的充分认识为前提，回应了中国本土问题，尝试达到“有所扬弃、有所借鉴”的效果，不仅可对当下中国问题的解决形成颇具可信度的研究结论，还可为未来我国将要面临的职能外包、私主体承担公法义务、合作治理等领域中的问题储备必要智识。

四是以众多判例为基础探索一般标准的判例法研究。对于美国联邦层面标准的研究，本书整理了大量相关判例，以实证、功能的形式回溯判例法形成的基点、机制与变化状态，从发生学的意义上归纳出行政机关认定的一般标准，因而在研究方法上妥适、可取，整个研究的谋篇布局上兼具体系性和逻辑性，使整个研究呈现出历史感、层次感和生动感。

由此，本书不仅构成了该领域内的基础性研究，是一部研究美国法上行政机关概念的力作，更是一部对中国问题倾注大量关注并试图提供有益智识的作品，对行政法学的研究范式和理论基点有相当程度的推进和贡献。为此，在作者邀我作序之际，我郑重向学界同仁推荐本书，并希望作者能够再接再厉，继续对我国行政机关及相关问题开展深入研究，为中国本土行政法学的形成添砖加瓦！

是为序。

上海交通大学凯原法学院

朱　芒

2019 年 1 月

目 录

前　言

随着行政机关介入社会生活程度的加深，行政资源的消耗日益增多，大量公共任务的完成在行政能力捉襟见肘时不可避免地被转交至私主体的工作日程之中。从权力授予到高校、公共企业甚至私人的实验性实践，到日渐通过合同外包、公私合作的常态化模式，公共物品和服务的提供越来越依赖外部的私人力量。接踵而至的问题是，私主体的行为影响到外部利害关系人的权利义务状态时，是否能够如行政机关那样接受来自实体法、程序法上的约束，特别是私主体兼具营利性和公益性双重目标时，更应该对公益的实现提供必要的关切。

在比较法的视野中，权力下放、功能外包等现象及其形成的模式在美国法上早有同类先例。通过对美国联邦层面行政机关认定的内容进行勾勒和爬梳，可以发现行政机关认定这一问题得以自足的规范基础，并得以考察到规范落地的状态及效果。在法的历史演进中，行政机关的出现不是偶然的、无根的，而是沿着经济发展、规制需求的洪流生发出来的，并在多重因素的影响下实现了规模上的扩大和职权上的扩展。这一现象为行政机关的识别带来了很大的难题，特别是行为主体与权利主体很可能存在错位的问题，这客观上要求对作为权力行使主体的行政机关进行法律上的认定。

美国《行政程序法》所规定的定义，以具体情况中的功能和活动来确定行政机关的存无，而未采用以机关名称界定的方法。以此为基础，美国联邦最高法院在苏西诉大卫案（Soucie v. David）中确立了“行政职能”的认定标准，其重点考察待判断组织是否享有“实质独立的权力”。1974 年《信息自由法》中规定了新的行政机关定义，其扩宽了原有的行政机关范畴，并以权力因素、控制因素作为认定行政机关的方案。法院对该定义进行解释的过程中，在福谢姆诉哈里斯案（Forsham v. Harris）中确立了“监管关系”的认定标准，其以待判断的组织是否如行政机关的下属部门一样受到实质控制为核心，在权力要素、组织要素等细化内容上实现了标准的具象化，并表现出明显的适用价值。

在外部视角中，存在着国家—社会二元关系的实然状态、司法审查对私主体承担公共任务时的管控、公共任务合作化承担的空间与规则等多因素交织的现实图景。出于行政国家的正当化要求和市场规则缺漏的弥补要求，行政机关仍然在公私关系中处于核心地位，不论是法院的态度还是现实的需求都将其奉为上策。原本适用于行政机关的控权原则及其内容也无法在公私合作的现实下袖手旁观，而是积极作为，在“主体论”向“权力论”的转化过程中实现了对于权力外溢的钳控。与此同时，在立法留白与现实管控的双重作用下，公共任务合作化承担的空间与规则也不断得以建立，并在权力合法化、正当化的前提下试图达到高效率、低成本的行政目标。

通过对美国联邦层面行政机关认定及其结构变迁的考察，可以为当下中国行政机关及其法律地位的认识和研究提供比较法的借鉴框架，尤其对于我国下一步将行政机关的地位从诉讼被告向行政法主体的变革，能够贡献重要的智慧。

第一章　绪论

一、问题的提出

随着行政国家的渐次崛起与国家治理事务的愈发繁杂，公共行政的任务呈现出多元化的状态，这一方面刺激了公众对于公共服务的客观需求，另一方面也深刻地改变着行政权的范围及其作用形式。通常来讲，公众所理解的行政首先是以行政机关和行政工作人员的形式表现出来的。[1]然而吊诡的是，对于何为行政机关以及如何识别行政机关的问题却一直难有共识。譬如，作为城市“清道夫”的城管执法部门，在其单位性质不明确、人员编制不固定的情形下，能否确定无疑地归入行政机关麾下，存在很大争议。[2]同时，值得注意的是，新修订的《行政诉讼

---

1 参见[德]哈特穆特·毛雷尔:《行政法学总论》，高家伟译，法律出版社2000年版，第397页。

2 参见莫于川:《从城市管理走向城市治理：完善城管综合执法体制的路径选择》，载《哈尔滨工业大学学报(社会科学版)》2013年第6期。

法》[1]第 75 条规定，“行政行为有实施主体不具有行政主体资格或者没有依据等重大且明显违法情形，原告申请确认行政行为无效的，人民法院判决确认无效”，这实际上将“行政主体”经由法学理论上的概念确定为法律条文中的概念，其为研究行政机关的定义及其识别增加了更大的现实必要性，因为行政机关本身即是最有代表性的行政主体。

更进一步的问题是，随着公共服务指向的对象激增、服务的项目翻倍，财政的压力也变得越来越大，这使得政府不得不将一部分公共任务转移到其他主体头上以缓解行政效率的不足。法律、法规、规章授权组织以及行政机关委托组织的出现在一定程度上可以缓解危机，但毕竟作用有限，因为附着于授权、委托之上的限定直接影响了二者发挥作用的空间。[2]因此，大量的行政任务开始涌入私主体的工作内容之中，以保障房的公建配套为例，开发主体实际上经常承担政府公共建设的职责。[3]这样一来，行政机关在实务中所

[1] 根据 2014 年 11 月 1 日《全国人民代表大会常务委员会关于修改〈中华人民共和国行政诉讼法〉的决定》修订，自 2015 年 5 月 1 日起施行。

[2] 比如，就授权而言，其有规范层级上的限制，仅仅能通过法律、法规、规章的授权，而排除其他规范性文件的授权；对于委托而言，其有对于受委托组织资格、人员等方面的要求，以《行政处罚法》第 19 条为例，其明确规定了受委托组织必须符合三个条件：①依法成立的管理公共事务的事业组织。“行政机关不得委托个人实施行政处罚”。②具有熟悉有关法律、法规、规章和业务的工作人员。③对违法行为需要进行技术检查或者技术鉴定的，应当有条件组织进行相应的技术检查或者技术鉴定。

[3] 参见卢超：《通过市场主体实现住房保障之国家义务——美国包容性规划法律政策的启示》，载《比较法研究》2014 年第 5 期。

呈现出的面谱就更为复杂，特别是当私主体作为公共任务承担主体时，在对公众识别何为行政机关增加了更大难度的同时，也对行政法的发展提出了新课题：作为基础法律概念的行政机关能否足以应对现实需求？如何通过一个具有丰富内涵、适当外延的概念标准，避免“由减缩政府规模引入私人机构而产生的‘新领域’”脱离公法的控制[1]？

从比较法的视域进行考察，域外也存在大量关于行政机关如何认定的问题，特别是在法治发达程度走在前列的美国，私主体承担公共任务的情形普遍存在。譬如，在私人研究组织运用政府经费完成指定的研究课题，并交由政府监督的情况下，很可能会面临后续提起的信息公开诉讼，因为其实际上承担了政府本身的行政职责并建立了与政府的实质联系。[2]更加值得注意的是，自20世纪80年代以来，公私法的界分、行政权力的作用范围以及进一步引出的行政法适用边界问题逐渐在美国的法学研究中成为热点，[3]以至于有学者认为，“美国政府所有的财产、服务都可能被私有化了”，如警卫、污水、路灯、消防、停车设备、铁路、医院、墓地等，[4]就连形式上明显属于政府职能范畴的

---

1 参见［新西兰］迈克尔·塔格特：《行政法的范围》，金自宁译，中国人民大学出版社2006年版，“译者的话”第3页。

2 See Forsham v. Harris, 445 U.S. 169 (1980).

3 See C.Sampford, “Law, Institutions and the Public/Private Devide”, 20 Federal Law Review 185 (1991).

4 See Lewis Solomon, “Reflections on the Future of Business Organizations”, 20 Cardozo Law Review 1213 (1999).

监狱事务也出现了私人公司经营的现象。[1]根据比较法的任务，在对中国问题予以明确的基础上，应梳理美国联邦层面上行政机关的演进史，发现认定行政机关所依托的制度背景，并尽量从相关法规范中展开对于行政机关认定标准的追踪，关注行政机关概念涵括能力的变迁，挖掘该变迁背后的结构性转变，以及通过对行政国家的正当化检视甄别出可能的有益经验，最终为中国行政法上行政机关的认定及其标准提供具有参鉴意义的域外经验。

二、已有研究综述

（一）中国法上的研究

在我国的行政法学研究过程中，行政机关作为承担行政任务的主要组织已经在全国第一本统编教材《行政法概要》中有所提及，[2]而后在行政法学专著中得以扩展。[3]这一概念成为当时整个行政法学体系的基础性概念，并事实上形成了“行政机关范式”[4]。该范式下，行政机关或

[1] Department of Justice, New Release, “Justice Department Seeks 20 percent Increase in FY 96 Budget to Reduce Violent Crime and Illegal Immigration”(6th Feb, 1995).

[2] 参见王珉灿:《行政法概要》，法律出版社 1983 年版。

[3] 比如罗豪才:《行政法论》，光明日报出版社 1987 年版；姜明安:《行政法概论》，北京大学出版社 1986 年版；应松年、朱维究:《行政法与行政诉讼法》，中国政法大学出版社 1985 年版。

[4] 以“范式”来研究行政机关、行政主体的方法，是由沈岿教授首倡，参见沈岿:《重构行政主体范式的尝试》，载《法律科学》2000 年第 6 期。

行政组织统称为“行政管理主体”，承担国家行政职能或代表国家在全国和全民范围内进行管理。[1]同时，有的研究也认识到行政机关并非唯一承担公共行政职能的组织，还包括根据法律或受行政机关委托行使行政职能的组织和个人。[2]但是，就行政机关的界定或者行政机关工作人员的界定而言，当时还没有明确的结论。[3]肇始于行政法学发展初期的“行政机关范式”，虽然代表了当时我国“行政法学在行政组织法和公务员法研究方面取得的明显成果”，[4]但是也受到不少批评，有代表性的意见即是“行政法学对行政组织的法律概括往往是就行政组织而论行政组织……无非是就行政组织法的内容进行介绍，基本上是白描式的，甚至连研究都谈不上”。[5]来源于外界的批评使得“行政机关范式”面临解构的压力，而此时域外学说的引入和立法出台的影响，更加快了新范式的内部衍生。

1987年，行政诉讼法开始进入制定过程，其面临的难题之一即是如何界定行政诉讼的被告，这实际上为行政法学界对行政机关的研究提供了一个契机。正值此时，王名扬教授的《法国行政法》得以出版，

[1] 参见应松年、朱维究：《行政法与行政诉讼法》，中国政法大学出版社1985年版，第2页；王珉灿：《行政法概要》，法律出版社1983年版，第2页。

[2] 参见姜明安：《行政法概论》，北京大学出版社1986年版，第33页。

[3] 参见张尚鷟：《加强行政法学研究之我见》，载《政治与法律丛刊》1982年第3期。

[4] 参见罗豪才、姜明安、湛中乐、陈端洪：《行政法学研究现状与发展趋势》，载《中国法学》1996年第1期。

[5] 参见张树义：《行政主体研究》，载《中国法学》2000年第2期。

书中首次明确提出了行政主体的概念，并佐以事例论证。[1]借此，作为舶来品的行政主体的概念正式引入并运用到立法和研究之中，以我国《行政诉讼法》[2]和学者的著作[3]为佐证。在“行政主体范式”下，学界的首要研究对象是被定义为行政主体的行政机关，即享有行政活动的权力，能以自己的名义从事行政活动，并因此承担实施行政活动所产生的责任的组织。[4]除此以外，“行政主体范式”下的研究还特别将法律、法规授权组织加入行政主体的行列，反映出行政权专属国家所有这一逻辑的不周延性，并注意到公共领域内行政职能社会化需求和国家社会分权关系的客观存在。[5]可以发现，“行政主体范式”与“行政机关范式”相比，不仅仅是字面上的改变，更是内容上的丰富，其将法律、法规授权组织纳入了主体范畴，并进一步与其他行政法学理论相结合，在解决了行政行为责任归属和行政诉讼被告问题的前提下，还构建出一直延续至今的研究行政机关的基本方法。

学界的研究并没有到此为止，而是进一步讨论了行政主体范式的

---

[1] 参见王名扬：《法国行政法》，中国政法大学出版社 1989 年版，第 38 页。

[2] 1990 年 10 月 1 日起正式实施的《中华人民共和国行政诉讼法》第一条就使用了“行政机关”的提法：为保证人民法院正确、及时审理行政案件，保护公民、法人和其他组织的合法权益，维护和监督行政机关依法行使行政职权，根据宪法制定本法。

[3] 最早使用行政主体概念的著作有张焕光、胡建淼：《行政法学原理》，劳动人事出版社 1989 年版；张树义、方彦：《中国行政法学》，中国政法大学出版社 1989 年版。

[4] 参见张尚鷟：《走出低谷的中国行政法学》，中国政法大学出版社 1991 年版，第 80 页。

[5] 参见沈岿：《重构行政主体范式的尝试》，载《法律科学》2000 年第 6 期。

可能缺陷，并力图提供重新构建的方案。有的研究通过反思行政主体理论，认为行政主体的概念不科学、行政主体的责任定位错误以及行政主体的资格条件过低等，其特别指出了认定行政主体的三大要件——法定职权、以自身名义和独立承担行为后果——其实可以全部归为“依法享有职权”这一要件。[1]有的研究指出行政主体范式存有内在的逻辑矛盾，其学术功能有局限性的同时还呈现出制度功能的式微。值得注意的是，该研究特别指出了在非法行使行政职权或受委托组织超越委托权限做出行为的情况下，行政主体理论会明显失灵的现象。[2]这实际上提出了研究行政主体的一个面向：如何将事实上行使行政权力的组织合法、合理地纳入行政机关的范畴内，而摒弃主体范式的影响。有的研究从比较法的角度展开，通过对大陆法系行政主体理论的归纳总结，提出应正确定位我国行政法学上的行政主体。[3]还有的研究对行政主体理论的类型化重构提出了设想。[4]上述研究，都立足于行政主体范式所处的特定环境，在肯认其积极作用的同时从多元角度反思批判行政主体范式的缺憾，提出制度设想。在这些研究中，学者对行政主体的认定不再是满足于字面意义上的行政机关和法律法规授权组

[1] 参见薛刚凌：《我国行政主体理论之检讨——兼论全面研究行政组织法的必要性》，载《政法论坛》1998年第6期。

[2] 参见沈岿：《重构行政主体范式的尝试》，载《法律科学》2000年第6期。

[3] 参见李昕：《中外行政主体理论之比较分析》，载《行政法学研究》1999年第1期。

[4] 参见杨解君：《行政主体及其类型的理论界定与探索》，载《法学评论》1999年第5期。

织，而是观察到这一认定无法涵括现实中正在发挥行政权作用的诸多主体，描绘出行政权行使主体的多元性，并试图借助理论自圆、比较借鉴等方法解决这一瓶颈问题。

进入21世纪以来，对于行政主体理论及行政主体认定的研究依然延续了下来。有的研究从公法人的角度研究我国行政主体理论，参照大陆法系的学说，探讨在我国改造行政主体理论的必要性。[1]其中提出，应当从“行政任务”而非行政权力的角度定义行政主体，并以政府设立的医疗机构为例进行阐释。[2]类似的研究也提出了诸如公务组织、公务人等概念。[3]有的研究建基于对行政主体理论的质疑，将当前行政主体理论概括为“诉讼主体模式”，并循着本土化、正当化、功能化的路径重构行政主体理论，最终实现“诉讼主体模式”的完善和推进。[4]有的研究与此类似，但更强调对于“分权主体模式”有条件地加以引入。[5]有的研究则直接从概念开始分解，对行政组织、行政主体、行政机关、行政机构、授权与委托、公法人、行政法人七组概念进行了廓

---

1 参见葛云松：《法人与行政主体理论的再探讨——以公法人概念为重点》，载《中国法学》2007年第3期。

2 参见葛云松：《法人与行政主体理论的再探讨——以公法人概念为重点》，载《中国法学》2007年第3期。以行政任务为重构路径的研究还可参见郑春燕：《行政任务变迁下的行政组织法改革》，《行政法学研究》2008年第2期，第32—38页。

3 参见梁凤云：《关于行政主体理论的几个问题》，载《公法研究》2005年第1期。

4 参见章剑生：《反思与超越：中国行政主体理论批判》，载《北方法学》2008年第6期；章剑生：《现代行政法基本理论（第二版）》，法律出版社2014年版，第183—198页。

5 参见余凌云：《行政主体理论之变革》，载《法学杂志》2010年第8期。

清，提出中国行政法学发展中行政组织法的研究应沿着行政组织和行政主体两大方向开展。[1]新近的研究从社会管理新格局的要求出发，通过分析政府购买社会服务的现实状况，力求实现行政主体的类型化以丰实概念的外延。[2]除此以外，也出现了从具体领域切入，以小见大围绕行政主体、行政机关展开的研究，比如在政府信息公开领域，公共企事业单位信息公开的问题自《政府信息公开条例》颁行以来一直少有实践先例和理论跟进，有的研究则紧扣公共企事业单位是否承担、如何承担政府信息公开的行政职责这一问题，从“主体类同”和“职能类同”两条路径分析公共企事业单位的属性。[3]有的研究则从《政府信息公开条例》第37条能否适用于高速公路公司信息公开义务的问题出发，讨论公开义务主体的确定，这实质上也是针对行政机关范畴的研究。[4]

综上所述，发轫于20世纪80年代的行政机关理论经由外国法的引入和立法的需要，逐渐转化为行政主体理论，并在不断反思、批判的过程中得到推进。在这两类研究范式的视野下，行政机关的认定有所差异，前者更多的是行政管理观念下的组织总称，后者则按照由粗

1　参见王锴：《行政组织法上若干概念之辨析》，载《河南省政法管理干部学院学报》2010年第4期。

2　参见金国坤：《论社会管理新格局的形成与行政主体理论的变迁》，载《江淮论坛》2012年第1期。

3　参见朱芒：《公共企事业单位应如何信息公开》，载《中国法学》2013年第2期。

4　参见高秦伟：《对公众获取公用企业信息的法律分析》，载《行政法学研究》2010年第4期。

至细、由总到分的顺序开始逐渐甄别行政权力的边界，并裹挟着外国法上的经验和中国法上的改造。其中，行政主体范式下的研究已经将触角延伸到行政主体的类型化建构与分领域的细化上，但对于行政主体自身认定上的研究以及行政主体构成内容上的研究还极为不足，需要进一步开发。同时，对于作为行政权力运行最为典型的外观表现，行政机关尚未在我国现有研究中得到充分研讨，特别是对于行政机关认定的研究，还缺乏挖掘行政行为主体要件及认定标准的学术成果。

（二）美国法上的研究

在美国的行政法学界，较早的对于行政机关的研究主要集中在独立管制机构[1]和委任授权的理论上。[2]我国也有类似研究在跟进。[3]近年来，原有的行政部门（executive branch）概念已经在涵盖力上捉襟见肘，甚至需要用行政实体（federal executive establishment）的概念取而代之，这一方面反映出行政机关（agency）在数量上的激增，另一方

1 一般而言，典型的监管机构指的是州际商业委员会、联邦通信委员会、联邦贸易委员会等，它们独立于总统，针对特定的产业颁布企业运行的规则和许可证。See Marver H. Bernstein, Regulatory Business by Independent Commission, Princeton University Press, 1955, p.2.

2 See William F. Fox, Jr, Understanding Administrative Law, Matthew & Bender, 1997, pp.31—50.

3 比如马英娟:《政府监管机构研究》，北京大学出版社 2007 年版; 马英娟:《监管机构与行政组织法的发展——关于监管机构设立根据与建制理念的思考》，载《浙江学刊》2007 年第 2 期。

面也体现出行政机关自身范畴所处的频繁变迁活动。[1] 鉴于行政机关的认定难题极有可能是发生在行政法任何一个角落的高概率事件，其也成为法学研究理应跟踪的重点话题。在研究的具体对象上，有研究指出行政机关的认定应因循《行政程序法》(The Administrative Procedure Act) 的展开，既包括《行政程序法》本身，也包括作为第三条之扩展的《信息自由法》(The Freedom of Information Act)、《阳光下的政府法》(The Government in the Sunshine Act) 和《隐私法》(The Privacy Act) ——这三部规范对于研究行政机关的定义具有非常重要的作用。[2]

就美国《行政程序法》而言，其对行政机关的定义是：美国政府各机关，而不论其是否隶属于另一机关，也不论其是否受另一机关的监督。它不包括：(1) 国会；(2) 美国法院；(3) 美国领地政府和属地政府；(4) 哥伦比亚特区政府；(5) 由纠纷各方当事人的代表或由纠纷各方当事人所在组织的代表组成的以解决纠纷的机关；(6) 军事法院和军事委员会；(7) 在战时战区或占领地的军管当局；(8) 根据

---

[1] See S. Comm. on Governmental Affairs, 96th Cong, The Federal Executive Establishment: Evolution and Trends (Comm. Print 1980) .

[2] See David E. Lewis and Jennifer L.Selin, Sourcebook of United States Executive Agencies, 2012, p.14. Available at http: //www.acus.gov/publication/sourcebook-united-states-executive-agencies. Also See Pub. L. No. 89—487, 80 Stat. 250 (1966), codified as amended at 5 U.S.C. § 552 (1982), Pub. L. No. 93—579, § 3, 88 Stat. 1896, 1897 (1974), codified as amended at 5 U.S.C. § 552a (1982), Pub. L. No. 94—409, § 3 (a), 90 Stat. 1241, 1241—1246 (1976), codified at 5 U.S.C. § 552b (1982) .

《美国法典》第12编第1738条、第1739条、第1743条和第1744条，第41编第2章；第50编附录的第1622条、第1884条、第1891条至第1902条，及第1641条第2款第2项的规定行使职权的机关。[1]这一定义实际上只指出了行政机关是除了立法机关和司法机关的其他机关。与之相类似，有研究认为应当从“三权分立”的角度理解政府机关，并着眼于在该框架下确立政府职能的界限。[2]有研究认为行政机关的认定在很大程度上应该从是否接受司法的审查角度予以展开，比如对总统、国会的认定等。[3]有研究认为政府自身也无法厘清有多少行政机关，行政机关、独立规制机构的建立基础及区分等问题，更谈不上行政机关的认定。[4]也有研究提出有大量的机构游走于公与私的边界上，比如美国邮政（USPS）、美国国家铁路客运公司（Amtrak）等机构，并主要从社会总体福利与民主正当性两方面予以讨论这些机构的现实功能。[5]与此类似，有研究认为除了传统的行政各部、独立机构外，还存在一类准政府组织，比如法律服务公司（LSC）、国家司法研

---

[1] 5 U.S.C. § 551 (1)(2012).

[2] See Alejandro E. Camacho, Robert l. Glicksman, Functional Government in 3-D, 51 Harvard Journal on Legislation 19 (2014).

[3] See Kenneth Culp Davis, Richard J. Pierce, Jr., Administrative Law Treatise (Third Edition), Aspen Law & Business, 2000, pp.1—3.

[4] See Mary Whisner, Some Guidance about Federal Agencies and Guidance, 105 Law Library Journal 385 (2013).

[5] See Anne Joseph O'Connell, Bureaucracy at the Boundary, 162 U. Pa. L. Rev. 841 (2014).

究所（NIJ）和美国和平研究所（U.S. Institute of Peace）等需要加以研究。[1]除此以外，有研究还指出了实践中遇到的重大难题，比如国会经常会通过授权诉讼当事人这一私人主体在法律执行过程中行使公共权力，这种情形下的主体性质认定就会有争议，[2]而且国会自身也经历了逐渐澄清认知的过程。[3]

就《信息自由法》而言，在1974年之前一直援用《行政程序法》中对于行政机关的定义。1974年，美国国会批准了对《信息自由法》中的“行政机关”范围予以扩宽的修正案。修改后的“行政机关”包括了所有的行政部门、军事部门、政府公司、政府控制的公司或者其他的在政府行政分支内的机构（包括总统行政办公室），以及独立规制机关。[4]新条文的颁行引起了学界的关注，有研究认为该法中行政机关的定义较之前《行政程序法》中的定义更为宽泛，[5]这也是其本身立法目

---

1 See Kathleen Thompson Hill, Gerald N.Hill, Encyclopedia of Federal Agencies and Commissions, Facts on file, Inc., 2004, pp.443—447.

2 See Sean Farhang, Public Regulation and Private Lawsuits in the American Separation of Powers System, 52 Am. J. Pol. Sci. 821 (2008).

3 See Kevin R. Kosar, Cong. Research Serv., RL30533, The Quasi Government: Hybrid Organizations with Both Government and Private Sector Legal Characteristics (2011).

4 5 U.S.C. § 552 (e)(1976). Amendments to the Freedom of Information Act, Pub. L. No. 93—502, §3 (e), 88 Stat. 1561, 1564.

5 See Richard J.Pierce, Jr., Administrative Law Treatise (Fourth Edition), Aspen Law & Business, 2002, pp.1—3.

的在具体事项上的反映。[1]也有的研究认为，信息公开义务已经被扩展到“履行政府职能并掌握对公众利益影响较大的信息”的主体上。[2]但有的研究也指出，需要注意并非所有接受政府资助的公司都能当然地适用该定义。[3]另外，这一新定义还切合了当时世界范围内对于政府信息公开法能否应用于私人主体的争论，[4]并开始在《行政程序法》《信息自由法》《阳光下的政府法》《隐私法》等法律得到广泛应用。[5]不过，在不同法律领域中的适用也会因为案件的不同而存在不同的解释状况。[6]就《信息自由法》而言，有研究通过提出私主体是否承担信息公开义务

1 See Jim Smith, The Freedom of Information Act of 1966: A Legislative History Analysis, 74 Law Library Journal 231 (1981); Kenneth C. Davis, The Information Act: A Preliminary Analysis, 34 U. Chi. L. Rev. 761 (1967).

2 See Nicole B. Casarez, Furthering the Accountability Principle in Privatized Federal Corrections: The Need for Access to Private Prison Records, 28 U. Mich.J. L.Reform 269 (1994—1995).

3 See Anne H. Wright, The Definition of “Agency” under the Freedom of Information Act as Applied to Federal Consultants and Grantees, 69 Geo L. J. 1223 (1981).

4 See Nicole B. Casarez, Furthering the Accountability Principle in Privatized Federal Corrections: The Need for Access to Private Prison Records, 28 U. Mich.J. L.Reform 249 (1994—1995).

5 See Susan T. Stephenson, Government in the Sunshine Act: Opening Federal Agency Meetings, 26 Am. U. L. Rev. 154 (1976—1977).

6 See David E. Lewis and Jennifer L. Selin, Sourcebook of United States Executive Agencies, 2012, pp.13—15. Available at http://www.acus.gov/publication/sourcebook-united-states-executive-agencies.

的问题，总结出行政机关认定的“控制标准”和“行政职能标准”。[1]有研究从信息公开义务承担主体的认定出发，梳理相关案例从而归纳出联邦层面认定行政机关的“功能等同”标准和“实质控制”标准，[2]并进一步通过行政权作用范围的分析追踪了“实质控制”标准的具体内容变迁。[3]有研究认为，与新定义表面上看起来包含了所有的行政机关设立或者囊括的组织不同，其界定是完全不清楚的，尤其是对于一些私人主体能否成为“行政机关”从而承担信息公开义务的认定仍需要根据个案的具体情形加以判断。[4]也有研究梳理了较早涉及行政机关认定的重要案件，并提出了应该以功能标准来认定行政机关。[5]同时，还有研究表达出对于“实质控制”标准的强烈反对，并提出了可能的隐忧和关怀。[6]

《阳光下的政府法》自1976年成为《行政程序法》第552条的一

1 参见高秦伟：《私人主体的信息公开义务：美国法上的观察》，载《中外法学》2010年第1期。

2 参见王军：《美国信息自由法上“行政机关”之认定标准——基于判例的视角》，载《行政法学研究》2013年第2期。

3 参见王军：《美国私主体承担信息公开义务的司法判定——行政作用范围的收缩及其对我国的启示》，载《行政法论丛》第15卷，法律出版社2014年版，第100—114页。

4 See Edward C. Walterscheid, Access to Federally Funded Research Data under the Freedom of Information Act, 15 Rutgers Computer & Tech. L. J. 9 (1989).

5 See Nicole B. Casarez, Furthering the Accountability Principle in Privatized Federal Corrections: The Need for Access to Private Prison Records, 28 U. Mich. J. L. Reform 268 (1994—1995).

6 See Ann H. Wion, The Definition of “Agency Records” under the Freedom of Information Act, 31 Stan. L. Rev. 1093 (1978—1979).

部分。[1]虽然其在适用过程中也援用《信息自由法》中“行政机关”的新定义，但是进一步明确了适用于该法的行政机关的要求：领导机构为两名以上成员组成的集体，这些成员多由总统根据参议院的同意来任命，而且其下属机关有权代表该机关做出行为。[2]以社区投资公司案为例，有研究认为国会已经在事实上拓展了该法中“行政机关”的范围。[3,4]同时，未包含在新定义中的一些其他机关也成为《阳光下的政府法》所规制的范畴，比如联邦市场公开委员会（FRB）和公民权利委员会。[5]当然，也有研究认为该法中行政机关的定义要窄于其在《信息自由法》和《隐私法》中的定义。[6]与此类似，有研究认为该法中的行政机关并未采用这一概念的广泛含义，且只能是适用于《信息自由法》的机关。[7]其中，争议最大的焦点问题是以咨询建议为其主要或者全部

---

1 See H.Comm. on Government Operations and S.Comm on Government Operations, 94th Cong., Government in the Sunshine Source Book: Legislative History, Texts and other Documents (J. Comm. Print 1976).

2 5 U.S.C. § 552b (1976), 5 U.S.C. § 552 (e)(1976).

3 See Richard K. Berg, Stephen H. Klitzman, Gary J.Edles, An Interpretive Guide to Government in the Sunshine Act (second editon), American Bar Association, 2006, p.2.

4 See 42 U.S.C. § 8103 (i).

5 See 12 C.F.R. § 281.2; 45 C.F.R. § 702.50.

6 See Bensch, Seven Years Later: Has Government Let the Sunshine in?, 61 Geo. Wash.L.Rev.1475 (1993).

7 See Marc Rotenberg, Harry A. Hammitt, Ginger McCall, John A. Verdi, and Mark S. Zaid (eds.), Litigation Under the Federal Open Government Laws (FOIA) 2010: Covering the Freedom of Information Act, the Privacy Act, the Government in the Sunshine Act, and the Federal Advisory Committee Act. Epic., Electronic Privacy Information Center, 2010, p.469.

功能的机关是否构成行政机关。[1]可以发现，尽管适用的条文相同，但是《阳光下的政府法》所指称的行政机关相比《行政程序法》《信息自由法》中的同一概念到底是更为宽泛还是有所收紧，还无从得出较为确定、一致的结论。

《隐私法》自1974年成为《行政程序法》第552条的一部分，[2]其规定采用了《信息自由法》中对于行政机关的新定义。[3]尽管如此，有研究提出并非所有适用于《信息自由法》的行政机关都必然适用《隐私法》，美国国家铁路客运公司即是一个例外。[4]也有研究指出《隐私法》所指的行政机关是公共性机构，而不包括私人，除非涉及政府合同。[5]可见，《隐私法》上行政机关的概念仍然徘徊在公与私的临界点上而无法得出清晰的认定。

综上所述，在美国法的研究上，行政机关的认定问题集中反映在《美国法典》第5编第5章中，具体包括《行政程序法》《信息自由法》

---

[1] See Richard K. Berg, Stephen H. Klitzman, Gary J.Edles, An Interpretive Guide to Government in the Sunshine Act (second editon), American Bar Association, 2006, p.2.

[2] 5 U.S.C. § 552a (1974) .

[3] 5 U.S.C. § 552a (1)(1974), 5 U.S.C. § 552 (e)(1976) .

[4] See Marc Rotenberg, Harry A. Hammitt, Ginger McCall, John A. Verdi, and Mark S. Zaid (eds.), Litigation Under the Federal Open Government Laws (FOIA) 2010: Covering the Freedom of Information Act, the Privacy Act, the Government in the Sunshine Act, and the Federal Advisory Committee Act. Epic., Electronic Privacy Information Center, 2010, p.421.

[5] See James T. O'Reilly, Federal Information Disclosure (2013—Volume 1), Thomson Reuters, 2013, pp.551—554.

《阳光下的政府法》和《隐私法》所涉及的内容。其中，以 1974 年以前所适用的行政机关定义为基础的研究，均认识到了立法实际上采取消极定义的方式，其意图是在“三权分立”的结构中将立法机关和司法机关以外的机关全部归为行政机关，但同时这些研究也意识到司法判决中法院对于行政机关定义的大幅度限缩。1974 年以后，新定义下的研究注意到其扩展了被司法机关压缩了的行政机关的定义，但也对条文列举的行政机关加以逐个审慎研究，以防止从一个极端走向另外一个极端。体现在《信息自由法》《阳光下的政府法》和《隐私法》中行政机关的范围，大多数研究意识到了三者在适用条文时由于立法目的、规制对象等内容的差异而产生的差别，或扩展或限缩了新定义中行政机关的范畴，但还缺少从行政机关的整体视角下来观察、钻研的做法。因此，后续的研究有必要将同一法律概念置于四部不同的法律规范之中，归纳出可能具有普适价值的一般适用规律，形成判断行政机关的一般标准，并从一个侧面反映出行政权的边界及其背后的推动力量。

三、研究方法与篇章结构

（一）研究方法

1. 比较分析方法

本书之所以将分析美国联邦层面行政机关的认定作为主线，盖在于作为法治发展先进国家，其在行政法的运作过程中已经积累了大量有益经验，而且这些经验中不乏与中国现实情况相类似的部分，比如政府不堪公共任务重担而不得不在外部重新寻找承担行政职能的私主体的问题。同时，美国自建国以来，从实行严格的分权制衡体系逐渐到行政机关开始具备司法职能（行政裁决）和立法职能（规章制定），中间经历了完整的、成体系的演变过程，这对于观察行政机关从萌芽到建制，再到发展壮大，是一个很好的比较法范例。当然，比较法的方法不仅包含域外法治经验的梳理和归纳，更重要的是还包括中国问题的明确意识和对中国发展的终极关怀，这体现在本书的开篇和最后一部分中，特别会针对现实中的问题从理论、制度和操作等面向提供有益智识。

2. 历史分析方法

本书开篇即分析美国联邦层面行政机关的演进历程和推动机制，这是采纳了历史分析方法从发生学的角度上展开的分析。这部分内容的梗概是：美国建国初期作为“传送带”式执行国会立法的行政机关，具有相对较小的行政权限，特别是自由裁量权。随着州际之间商务、铁路运输的发展，规制这些活动的机关也在国会、法院与总统的相互妥协、相互协商中诞生，典型的如州际商业委员会等。以这类独立规制机构为代表，“进步时代”（Progress Era）的特征可以总结为，独立规制机构尽管面临着分权原则上的质疑，但其仍如雨后春笋般生发出来。紧接着，美国社会进入“大萧条时期”，百废待兴的国家经济社会状况一方面促使行政权力的下放，另一方面也让既有的规制机构更加深入地干涉经济社会生活。此时，行政机关已经具备了现在的行政机关的大部分权力，不论是行政裁决还是规章制定。

3. 规范分析方法

在分析行政机关的演进过程中，本书还对联邦层面的法律文本进行了相应梳理，作为行政机关发展的规范基础。为了更清楚地爬梳规范在行政机关演进过程中的作用，本书采用《司法部长行政程序委员会最终报告》作为引用和分析法律文本的范例，从美国建国初对英国普通法的改造开始一直梳理到晚近的《信息自由法》《隐私法》和《阳光下的政府法》。

4. 判例分析方法

本书在整理归纳美国联邦层面行政机关的认定标准时，采纳的是判例分析的方法。判例的选取以典型性、代表性为原则，通过文献梳理与判例阅读相结合的方式，确定最终研讨的判例。同时，本书对判例的分析只涉及法院针对案件争议焦点所作的法律分析，特别是法律解释和单纯的法律适用，而不涉及判决本身的是非对错。这样的判例研究方法，旨在以中立、客观的立场，理性分析判决书中或明示或暗含的对于法条的解释适用，并提炼出可能形成先例的部分内容，作为该判例的规范性意义。

（二）篇章结构

本书研究的思路是以行政机关认定最富争议、最具难度的领域——私主体承担公共任务——为场域而展开的，首先梳理了美国经济社会发展背景下行政机关在法规范中界定的变化，并以此作为认定的依据。其次，本书循着立法变化的印迹，以新问题、新争议的出现为线索，将从判例中归纳出的认定标准为研究对象，试图总结过去和当前法院所长期适用的认定方案。再次，分析认定标准背后的支撑原理，包括标准出现、内容丰富以及变迁的原因和动力等。最后，本书以美国法的内容为借鉴，试图对中国问题的解决提出具有参鉴意义的方案。

除第一章绪论外，本书将包括如下内容：

第二章从研究背景的校正角度来总体概述美国联邦层面行政机关发展史，结合法律规范，分析行政机关自美国建国初到当前的制度衍变，为后续探讨认定标准设定时代背景。同时，还分析了规范演进中行政机关概念的变化及其所引起的立法目的、立法认定方法的变迁。

第三章和第四章是本书的核心部分，集中探讨行政机关这一概念如何在法院的法律适用过程中得以具体化，包括内涵和外延两方面的变化。这两章主要从《行政程序法》《信息自由法》《阳光下的政府法》和《隐私法》四部涉及行政机关认定的主要法规范出发，归纳其中涉及行政机关权力、行政机关内部架构和行政机关人员身份等内容的判例，剖析出法院所作出的法律解释并将其归类。最终，第三章归纳出的内容为“行政职能”标准，主要从实质独立的权力角度展开认定；第四章归纳出的内容为“监管关系”标准，侧重于从是否受到实质监管的角度认定行政机关的存无。

第五章是对认定标准之间的差异或者结构变迁进行分析，特别是关照到已有的行政机关变迁史，从历史基因、分权学说、行政任务的阶段性与行政资源的急缺性等角度展开讨论，力图勾勒出引起行政机关及其认定标准呈现出的常态与变态、稳定与灵活等状况的制度推力，以此回应第二章的时代背景和第三、四章认定标准的关系。

第六章则回到对于中国制度的分析上，从理论上来分析现有行政主体概念意图实现确定被告的模式（“诉讼主体模式”）是否能够适应不断变化着的现实社会，并考察规范实施时司法解释和典型判例中的认定标准，发现这些内容之间的内在关联，勾勒出我国行政机关认定的本土实践样貌。

四、研究意义

以比较法的角度切入，从中立、客观的角度研习美国联邦层面行政机关及其认定标准的衍化，可以归纳出行政国家下行政权运行的一般规律，以及这一规律下行政权或扩张或收缩的时代背景与制度逻辑，对于解决行政机关认定标准从形式意义到实质意义的转化具有明显的作用。在这一话语体系下，行政不再是抽象的、孤立的概念，而是活生生的需要从构成要件角度加以认定的具化内容。

同时，分析推动行政机关认定标准演进的制度述理，可以促进以“国家—社会”关系为视野的法学观察方法和研究方案，一以贯之地从国家与社会二元分离的角度叙写行政机关的宽狭，可以有效获取行政权的边界及其作用范围，这可以成为研究行政法最为伊始和基础的课题。

最后，对中国问题的关怀始终是比较法研究的落脚之地，这也体现在字里行间的研究之中。如果单纯研究美国或者其他域外的法治经验，那么有可能在推动我国法制史、外国法的研究上具有意义，但难以为中国的制度所消化吸收，更不能实现有效的法律借鉴。因此，本书第六章对于中国体系的展开和中美两国制度的可能参鉴部分以期激发行政法上关于行政机关、行政权等内容的研究，让更多的学人和实务机关能够关注到行政权的真实存在和可能变化，理解行政机关的外在表现形式，这是比较法的应有之义和优越之处。

第二章　行政机关概念的立法衍化

美国传统的行政法理论深深植根于公私分立、公私有别的基础之上，政府作为代表公众行使行政职能的主体，承担着维护公共利益的任务，而私主体则以营利为目标，不断追求更多的私人利益。在该视野下，法律关系是比较单纯、容易识别的：政府对相对人施加规制，私主体通过诉讼等依法维权。此时，法律对行政的控制往往体现为法律优先、正当程序以及禁止授权等内容，并通过“正当化政府权力的运用推动着行政法这门学科的发展”[1]。然而，随着现代行政任务的繁杂化，行政法的公、私融合以及民营化、权力下放等趋势的出现，上述图景发生了革命性的变化，其中最为突出的一点是政府开始频繁地与私主体共同完成公共任务，从专业领域外包、行政规则制定过程中的草案起草到行政许可的协商颁发、行政职能的全面外包，均呈现出私主体承担公共职能的现实样貌。那么，当前面临的问题是，既然私主体可以承担广泛的公共职能，那么其是否也可如行政机关一般承担必要的行政责任，如程序要求、司法审查等，毕竟《行政程序

1　参见［新西兰］迈克尔·塔格特：《行政法的范围》，金自宁译，中国人民大学出版社 2006 年版，第 1—3 页。

法》只为行政机关提供行为的标准和统一程序。[1]也即，为了“确保民营化、外包以及其他旨在放权给私方当事人的措施，不会挫伤行政法试图规定的责任性、程序正规性以及实体理性的公法规范，非常紧迫的挑战在于确定何时以及如何将法律的要求扩展到履行公共职能的私人主体”。[2]为此，有学者也提出了“认真对待私人权力”的论断，认为应当改变原来的以行政机关为中心的行政权观念，并将公私协商关系作为替代方案。[3]鉴于此，应当为私主体承担公共职能寻找是否承担行政法义务的根源，即如何在上述情形中寻找控制权力的路径，这就涉及行政机关认定的问题。

---

1 See Wong Yang Sung v. McGrath, 339 U.S. 33, 41 (1950).

2 参见[新西兰]迈克尔·塔格特:《行政法的范围》，金自宁译，中国人民大学出版社2006年版，第1—3页。

3 See Jody Freeman, The Private Role in Public Governance, 75 N. Y. U. L. Rev, 543 (2000).

第一节　行政机关扩张引起的识别难题

对于行政机关司法认定的讨论，涉及从行政机关的产生并成为唯一权力行使主体到行政任务客观上要求更多的行政机关、更宽的行政权力的整体流程，因而有必要以公共职能承担主体为主线，梳理美国自建国起行政机关的演变史，并分析行政机关的倍增、权力的扩展是如何在“三权分立”的体系中得以维系以及何以不足，深挖《行政程序法》实施以前行政机关在数量和权力方面均出现全面增长的必要性及其所体现出的特点。所以，本节着重讨论行政机关在数量上的发展和在权力上的扩展，并辅以必要的经济、社会、文化等内容作为其推动原因进行论述。

一、基于经济发展的数量增多

在美国，行政机关的数量经历了一个划时代的激增过程，行政活动也从较少进入公众视野成为存在于生活各个角落甚至无处不在的现象，这与每一个时期的社会发展状况都有着千丝万缕的关系，尤其是经济发展的需要、科技进步的推动以及战时的特殊要求等。比如，战争的需要往往会催生相关管理部门的出现、新技术的面世也会产生对其进行认可、认证的行政机关的需求。[1]与此同时，行政机关的权力范围也从最早的财经、对外政策、国防和邮政等事项上扩展到更为宽泛的事务上：无论是农业、商业、旅游业、环境、保健等范围上的扩展，还是规章制定、行政裁决等权力上的增加，都不断地造就着“规制国”的产生与维系。这也昭示出，行政机关愈发强化了自身在特定时期成为唯一的行政权行使主体的重要地位。

美国建国初期，国会仅仅设立了战争部、财政部等行政机关，行政活动也局限于财经政策、对外政策、国防和邮政等少数几个领域。就这些机关的权力来看，所涉范围非常有限：国会在其第一次会议上制定了三部授权的法律，其中两部法律是当前由财政部、海关署实施的法律的雏形，[2]另一部有关补助金的法律现由退伍军人管理局实施。[3]就行政机关的组成人员来看，也呈现出人数少的势态，即便是在建国后的半个世纪中，联邦政府的雇员总数也只有4800余人。[4]究其原因，其与

---

1 参见奥内斯特·吉尔霍恩、巴瑞B.鲍叶:《美国行政法和行政程序》，崔卓兰等译，吉林大学出版社1990年版，第1页。

2 Act of July 31, 1789.1 Stat 29 (1st Cong, 1st sess.), Act of September 1, 1789, 1 Stat 55 (1st Cong, 1st Sess).

3 Act of September 1, 1789, 1 Stat 95 (1st Cong, 1st Sess).

4 参见谭融:《西方国家官僚制比较研究》，中国社会科学出版社2013年版，第203—260页。

当时的政府架构有着相当密切的关系。美国建国之初，社会关系和经济交往相对简单，人们通常更加重视作为民主意志代表者的议会的作用，因为其承担着制定法律的重要职能，而以总统为代表的行政机关只被看做是法律的执行者，其享有的仅仅是法律的“执行权”，并不具备现在我们看到的典型的行政机关所具备的准立法权（规章制定）和准司法权（行政裁决）的权力——这两者恰恰是能够引起社会广泛、深刻影响的权力，毕竟其直接关系到人民的切身利益。[1]更进一步理解，“三权分立”的政治架构已经埋下了“有限政府”的伏笔，行政机关不但要接受内部来自总统的领导和监督，还要时刻面临国会的监督以及法院的审查，[2]这即是美国行政法上“传统模式”的缘起。[3]美国建国后期，随着经济事务的丰富和私人活动的活跃，对这些事项予以规制的需求随之产生，最为典型的是对于铁路业竞争的规制，这与当时铁路业的盛兴和政府的高度关注息息相关。[4]1839 年罗得岛州成立了铁路委员会，1844 年新罕布什州成立了对土地征用进行规制的委员会，[5]

---

[1] See Cuthbert W.Pound, Constitutional Aspects of Administrative Law, in The Growth of American administrative law, Thomas Law Book Co. 1928, p.111.

[2] See Stephen G. Breyer and Richard B.Steward, Administrative Law and Regulatory Policy, Aspen Publishers, 1992, pp.3—4.

[3] See Richard B. Stewart, The Reformation of American Administrative Law, 88 Harvard Law Review 1667 (1975) .

[4] See Marshall J. Berger and Gary J. Edles, “ Established by Practice: The Theory and Operation of Independent Federal Agencies”, 52 Admin.L.Rev. 1123 (2000) .

[5] See Thomas K. Mc Crew, Prophets of Regulation, Harvard University Press, 1984, p.17.

1869年马萨诸塞州成立了对铁路业进行规制的州铁路委员会，这都体现出19世纪后半期在规制私人活动的需求中产生的行政机关，其特点是职能较为单一和简单，施加到私人经济活动中的影响也表现得不是非常明显。

19世纪末的工业革命促使美国成为了世界工业大国，在其引导美国农业文明向工业文明的强势推进的同时，也深刻改变了美国的社会、经济、文化面貌，这意味着“进步时代”的到来。伴随着社会意识形态的根本转化以及各类社会运动的蓬勃开展，行政规制的进程也得到了长足的发展，特别是政府管理的事务项目开始多元化。美国建国时期自由放任的经济政策带来的弊端开始逐渐显现出来，围绕着铁路所产生的经济关系以及垄断现象的产生，在客观上要求政府的有效介入。1887年，为了回应上述需求，国会制定了《州际商业法》，正式建立了州际商业委员会，来负责铁路业的监管事务，这代表着具有现代意义的规制机构的产生。[1]州际商业委员会的创设是联邦行政组织的一个创新，开辟联邦政府控制经济的新时代，改变传统观念的行政作用，导致联邦行政法的发展向前迈进一大步。[2]由此开始，这类行政机关的数量出现激增的现象，1913年成立了联邦储备委员会，1914年成立了联邦贸易委员会，1920年成立了联邦动力委员会，1924年成立了税收上诉委员会等都能说明这个问题。

---

[1] See Ronald A.Cass, Colin S.Diver and Jack M.Beerman, Administrative Law: Cases and Materials, Wolters Kluwer, 2006, p.124.

[2] 王名扬：《美国行政法》，中国法制出版社1995年版，第50页。

1929年，美国迎来了一场以股市“黑色星期四”为开端的严重的经济危机，国家整体经济、社会的萧条使得新任总统罗斯福不得不采取“新政”措施，特别是在复兴经济、平复社会、重建市场等方面开展一场挽救运动。自由放任思想观念在“进步时代”得到初步修正后，人们逐渐意识到市场本身存在的重大缺漏，因此有意愿交由对民选官员负责的行政机关来进行统筹管理。同时，在很多领域内，行政机关往往具备丰富的实践经验和必要的专业智慧，以证券管理、银行管理、劳动关系重塑等为典型，这也使得行政机关具备足够的行动能力来改变萧条的现状。因此，纵观整个罗斯福新政时期，联邦政府的规模得到了明显的扩展，行政机关的数量也在大量社会事务的恢复中实现激增并得以维系[1]：证券交易委员会、国家劳动关系委员会、社会保障委员会、联邦住房信贷银行委员会、联邦通信委员会等都出现在这一时期。可以看出，罗斯福新政时期行政机关数量的激增为后续行政国家的形成奠定了重要的基础，特别是在诸多关键领域树立了专业行政机关的先例，实质上是行政权逐渐进入社会生活各个角落的重要事件。

如上所述，在《行政程序法》实施之前的美国，行政机关的数量经历了成倍的增长，特别是整个19世纪更是建立了大量的行政机关，[2]

---

[1] See Kenneth C. Davis, Administrative Law and Government, West Publishing Co., 1960, p.27.

[2] See Jerry Mashaw, Federal Administration and Administrative Law in the Gilded Age, 119 Yale L.J. 1362 (2010).

这很大程度上得益于美国建国以来经济发展的客观需求，不管是经济起步期对于垄断的控制，还是经济繁荣时对于新兴领域的规制，抑或是经济萧条、百废待兴时期刺激经济发展的需求，都不同程度上需要行政机关承担作为或者不作为的任务，以为经济发展提供一定的可期待性，并防止市场自由发展中天然存在的各类弊端。

二、源于规制需求的权力扩张

从行政机关数量增长的现实中，可以发现行政机关逐渐在事务范围上大大拓展了自身的权力，而与之相匹配的是行政机关在管理强度上的需要使得其在权力上产生了明显的扩张。

美国建国初，分权原则的引入使得政府权力总体划分为立法、司法和执法三大部分，同时还规定每一类权力都分别由平等、独立的部门来行使，以防止权力滥用。[1] 在这样的政府结构下，行政机关仅仅具有执行法律的权力，而不具备司法、立法两项职能。[2] 除此以外，斯图尔特（Stewart）教授在对当时传统模式的表述中，还提出了“行政机关对于私人的制裁必须得到立法机关的授权”，“行政机关的决定必须接受司法审查”等内容，[3] 这也体现出行政机关还需要接受来自国会的监

[1] See William B. Gwyn, The Meaning of Separation of Powers, New Orleans, 1965, pp.127—128.

[2] See R.Pierce, S.Shapiro and P. Verkuil, Administreative Law and Process, Foundation Press, 1999, p.25.

[3] See Richard B. Stewart, The Reformation of American Administrative Law, 88 Harvard Law Review 1667 (1975).

督和司法的审查。当然，总统也可以行使相应的监督权。因此，在政府事务相对简单的情形下，就算是执行权，也不过是停留在一些简单事务的管理上，权力的范围十分有限。

州际商业委员会的诞生，引起了行政机关权力的扩展。铁路业的发展一方面带动着铁路沿线农业、运输业的起步，另一方面也为相关产业的发展造成束缚——一旦铁路公司垄断经营和垄断价格，相关产业的成本将大大提高，直至无法盈利。因此，州层面的管制开始逐渐出现。然而，随着铁路铺设路线的州际化和一体化，州的规制显得力量不足，这促成了联邦政府在该项事务上的关注，催生了州际商业委员会，同时，也实质上将权力扩展到以铁路运输为代表的运输业之上。随着国会不断赋予州际商业委员会更多的实质性权力，包含规定费率、监督证券发行、审批铁路公司的并购等，[1]法院对于州际商业委员会权力范围的态度也从完全对抗逐渐转为形成初步共识，[2]这意味着一个具备立法、执法和司法的行政机关正式产生：既可以行使规制州际商业活动的权力，也可以通过制定政策等方式行使立法权，还可以通过针对私人纠纷进行裁决行使司法权，这就是美国法上的独立规制机构，因为其一定程度上独立于总统和国会。[3]以此为发端，后续同类的独立规制机构纷纷出现，不断融入已有的政府架构之中。

[1] See Thomas K. Craw, Prophets of Regulation, Harvard University Press, 1984, p.17.

[2] 参见张兴祥、刘飞、朱芒、何海波:《外国行政程序法研究》，中国法制出版社2010年版，第6页。

[3] 参见王名扬:《美国行政法》，中国法制出版社1995年版，第50页。

与独立规制机构的出现相伴随的是，行政机关享有立法权、司法权这一现状不断挑战着美国当时的分权理论和控权机制。明显可见的是，严格意义上的“三权分立”的要求在独立规制机构的身上已经无法得以充分解释，这与当时社会的治理要求存在重要联系。当国会的立法不断滞后于现实问题而该问题需要得到急迫解决时，当法院的定分止争的能力限于“案件和纠纷”而不能积极作出回应时，政府架构中仅有行政机关可以及时、有效地扮演问题解决者的角色，这也是催生行政机关不断产生、权力不断扩张的重要原因。[1] 同时，虽然总统的控制因为独立性而受到一定的削减——独立规制机构成员的免职权一般不掌握在总统手中，但是国会通过规定独立规制机构在行使权力时的程序要求、司法审查的可介入性等内容，实质上还是提供了权力控制的重要途径。

自此，以独立规制机构为代表的行政机关，在权力范围上从最初的纯粹执行权转为执行、立法、司法三权合一，到更多、更深入地参与到美国社会生活之中。规章制定和行政裁决与原有的执行权相比，更能体现行政机关与公民所产生的法律关系，也更直接地影响着公民的切身权益。

三、行政机关扩张引起的识别难题

行政机关在规模上的扩张和权力上的扩大，客观上为公民识别何

---

1 参见张兴祥、刘飞、朱芒、何海波:《外国行政程序法研究》，中国法制出版社 2010 年版，第 9 页。

为行政机关造成了一定的困难——相较于在行政机关数量有限、权力受限的时代，承担行政任务的部门开始变得纷繁复杂，此为其一。[1]接着，人口的增长、科技的进步、经济发展的需要都实质上要求规制的提供，这大大增加了行政机关的工作任务，要求行政机关不断提升工作能力和工作效率。[2]即便如此，行政机关的扩张没有带来相应资源配备的增长，因此还是无法完全满足现实生活的需要。[3]所以，除了进行理论修正和赋予更大的裁量权以外，政府要有效地应对社会中大量的、形形色色的问题，还要在特定任务中引入外部力量并承担一定的公共职能，以解决能力不及和精力不足所产生的管理缺位的问题，而私主体在很多事项的完成上体现出“成本—效益”上的优势和专业领域内的经验。一方面，基于市场营利性而出现的某些私主体在提供某些公共服务时会更为节约成本和资源，另一方面基于市场需求而产生的某些私主体在行政机关尚不具备或者尚不完全具备解决问题的能力时，可以发挥其专业优势，这共同推动着私主体越来越成为行政机关完成公共任务的外部合作者，私有化的现象便产生了，[4]合作治理的模式也

[1] See Duncan Kennedy, The Stages of the Decline of the Public/Private Distinction, 130 U. Pa. L. Rev. 1349 (1982).

[2] See Daniel E. Hall, Administrative law: Bureaucracy in a Democracy (3rd Edition), Prentice Hall, 2006, p.11.

[3] See Pierce, Judicial Review of Agency Actions in a Period of Diminishing Agency Resources, 49 Admin. L. Rev. 61 (1998).

[4] 本书使用“私有化”一词的含义是政府将公共职能交由私主体运用市场竞争方式完成的方法。See Jody Freeman, Extending Public Law Norms Through Privatization, 116 Harv. L. Rev. 1285 (2003).

正式确立了。这时，问题就出现了：当公民正迷惘于越来越多的行政机关承担公共职能时，私主体的出现无疑加剧了这一困难，此为其二。与此同时，越来越多的私人机构中出现了联邦政府的工作人员或者联邦政府出资雇用的人员，这也对公民在形式上辨别行政机关提出了更高的要求。截止到 2012 年，联邦行政部门已经有 285 万文职人员，分布在包括行政机关、受政府管理的私人机构等部门之中。[1]

以上两方面的问题，既与经济、社会推动下的行政机关的扩张有关，也受到私主体承担公共职能的影响。归结起来，其共同指向的问题则是如何判断行政机关。也即，除了明确隶属于“三权分立”中“作为享有权力的机构组合概念”的行政分支[2]的那些机关以外，如何来辨识当前正在承担公共职能的组织是否属于行政机关。这一问题在理论上也可以获得相应支撑。在传统的行政法中，相关理论对私主体承担公共职能带来的影响，特别是对于行政决策的影响持防御态度，习惯性地会认为该现象中蕴含了大量的正当性危险，因此会更加强调如何限制私人享有权力时的行为，基本的路径有四条：将私主体纳入“政府行为”的概念以便接受宪法上的约束；运用“禁止授权”理论或者正当程序条款宣布授权无效；将程序性的要求扩展适用到私主体之

[1] See David E. Lewis and Jennifer L. Selin, Sourcebook of United States Executive Agencies, 2012, p.12. Available at http：//www.acus.gov/publication/sourcebook-united-states-executive-agencies.

[2] See Richard E. Neustadt, Presidential Power and the Modern Presidents：The Politics of Leadership from Roosevelt to Reagan, Free Press, 1990, p.28.

上；公私法规范的混合适用。[1]这四种限制措施从公民角度看，也可以理解为四种救济手段，即在私主体承担公共职能的情况下，如何为公民的权利受损提供必要的救济途径。当然，值得注意的是，通过功能的视角审视这些手段，可以发现不同手段的救济能力如何：政府行为的认定过程中往往需要严格区分公和私，[2]且往往会造成公共方接受宪法限制、私主体完全自由的完全两分的后果，[3]同时还有可能成为“概念的灾区”，[4]因此局限性明显；[5]传统上的禁止授权学说本身存在废止的趋势，[6]因为实际上已经大量存在着突破的相反案例；[7]在公私法规范混合适用的情形下仅限于公共利益、正当程序以及信息披露等部分内容，无法涵盖诸多现实情形，同时还容易造成法定概念的随意扩张或者限缩。[8]因此，通过将传统的程序与审查方面的规定延展到私主体之上，也即运用《行政程序法》及作为其扩展的《信息自由法》《阳光下的政府法》和《隐私法》等的要求施加到私主体身上，成为上述方案中的较优选

---

[1] See Jody Freeman, The Private Role in Public Governance, 75 N. Y. U. L. Rev.543 (2000) .

[2] See Blum v. Yaretsky, 457 U.S.991 (982) .

[3] See Jackson v. Metropolitan Edison Co., 419 U.S. 345 (1974) .

[4] See Black, State Action, Equal Protection, and California'sProposition, 81 Harv. L. Rev. 69 (1967) .

[5] See David Sklansky, The Private Police, 46 UCLA L. Rev. 1165 (1998—1999) .

[6] See Cass R. Sunstein, Is the Clean Air Act Unconstitutional?, 98 Mich. L. Rev. 303 (1999) .

[7] See e.g., U.S. v. Southwestern Cable Co. 392 U.S. 157 (1968) .

[8] See e.g., Ambrosino v. Metropolitan Life Ins. Co., 899 F.Supp. 438 (1995) .

择。同时，这也构成了本书讨论行政机关认定的基础，即如何通过行政机关的定义分析将私主体纳入司法审查的范围内，并将施加于一般行政机关的程序要求等延伸至私主体之上。

第二节 “行政机关”定义的最初界定

行政机关数量的增多和权力的扩张，不可避免地带来权力失控。加之20世纪30年代美国经济亟需走出萧条，美国国会曾于1940年通过了《沃尔特—罗甘法》，其是以美国律师协会的建议为基础制定的行政程序规定。[1]然而，该法案终因罗斯福总统的反对而夭折，并开启了由司法部长行政程序委员会专门负责调研行政机关行政程序事务的时代。后来，国会在该委员会提交的立法建议的基础上形成了最终的《行政程序法》，并在众议院和参议院的全票赞成中通过，因此该法明显受到“新政”理念的影响并渗透在具体条文中。[2]《行政程序法》开篇界定了在其立法目的之下的概念内涵，其中第1项内容便是对行政机关的界定，这是当时研究行政机关认定最重要的法律依据。

1 See 86 Congress Rec. 5561 (1939) .

2 See Martin Shapiro, APA: Past, Present, Future, 72 Virginia Law Review. 447 (1986) .

一、定义条款的必要性

一方面是行政机关对于行为程序的强烈需求，另一方面是法院和国会无法及时设定有效的程序内容，[1]《行政程序法》的起草必然要依赖律师群体或者总统制定的机关负责，这是《行政程序法》出台过程中比较特殊的背景之一。同时，《行政程序法》是以权力控制、程序规定为目的的，[2]其在制定过程中始终包含着多数派和少数派的意见之争。之所以最后可以在投票时全票通过，是因为最终的条文是双方妥协的结果，裹挟着不少双方的对立的诉求。[3]也正因为如此，不少条文中采用了内涵并不确定的词语。[4]行政机关的定义自然也不例外，也采取了较为宽泛的定义。[5]正如立法资料所显示的那样，立法者既要保证立法语言的简练，也不能在规定时过度省略。[6]这体现在立法文本中，条文规

---

[1] See Kenneth C. Davis, Administrative Law and Government, West Publishing Co., 1960, p.34.

[2] See Administrative Procedure: A Handbook of Law and before Federal Agencies (2d ed), 1946, p.111.

[3] See Martin Shapiro, APA: Past, Present, Future, 72 Virginia Law Review. 447 (1986).

[4] 参见张兴祥、刘飞、朱芒、何海波:《外国行政程序法研究》，中国法制出版社2010年版，第41页。

[5] See Report of the Committee on the Judiciary House of Representatives On S.7, 79th Congress, 2d Session, Report 1980, 252 (1946).

[6] See Report of the Committee on the Judiciary House of Representatives On S.7, 79th Congress, 2d Session, Report 1980, 250 (1946).

定可能会出现“开放式结构”，从而需要通过法律实践进行后续补充或者修缮。[1] 同时，“《行政程序法》制定以后的 20 年间，美国行政法没有重大的发展。因为 1946 年的《行政程序法》是一个折中的方案，兼顾反对行政程序较大灵活性和赞成行政程序较大灵活性双方的意见，一时难于修改，所以在行政程序立法上暂时出现一个平静时期”。[2]

从对理解和适用《行政程序法》具有较大影响、法院也一直很重视[3] 的《司法部长行政程序法手册》来看，除了可以简化后续的立法语言之外，规定行政机关定义的条款具有非常明显的必要性：第一，其需要确定是否所有的行政机关都被纳入到了《行政程序法》的范围，这也是该法的规制对象。第二，规制对象的划定需要类型化，一旦某一机关被划入或者被排除出《行政程序法》的适用范围，那么同类的机关则享受同等的待遇，不存在某一机关受到特殊对待的情况，均平等对待。[4] 第三，明确不予适用的范围，这可以预防行政权力经由各种形式的脱离控制现象，毕竟不在排除范围内的机关必须遵守《行政程序

[1] See Robert Robin, Federal Regulation in Historical Perspective, 38 Stan. L.Rev.1189 (1986).

[2] 参见王名扬：《美国行政法》，中国法制出版社 1995 年版，第 56 页。

[3] See e.g., Bowen v. Georgetown University Hospital, 488 U.S.204 (1988). The position the Secretary takes in this litigation is out of accord with the Government's own most authoritative interpretation of the APA, the 1947 Attorney General's Manual on the Administrative Procedure Act (AG's Manual), which we have repeatedly given great weight.

[4] See Administrative Procedure: A Handbook of Law and before Federal Agencies (2d ed), 1946, p.113.

法》的规定，符合法定的程序要求和其他事项。

二、行政机关定义的确立

《行政程序法》在其定义条款第 551 条第（1）项中对“行政机关”的界定是：

“行政机关”，是指联邦政府机构，不论其是否设在另一行政机关内部或者接受另一行政机关的监督，但它不包括：（A）国会；（B）美国联邦法院；（C）美国领地或属地的政府；（D）哥伦比亚特区政府；或者，除适用本编第 552 条的规定以外，不包括：（E）由纠纷各方当事人的代表或由纠纷各方当事人所在组织的代表组成的以解决纠纷的机关；（F）军事法院和军事委员会；（G）在战时战区或占领地的军事当局；（H）根据《美国法典》第 12 编第 1738 条、第 1739 条、第 1743 条和第 1744 条；第 41 编第 2 章，第 50 编附录第 1622 条、第 1884 条、第 1891—1902 条，以及第 1641 条（b）款第（2）项的规定行使职权的机关。

从文义上来看，《行政程序法》的定义以联邦政府机构作为行政机关的同一表述，实质上并未明确指出具体范畴，“不论其是否设在另一行政机关内部或者接受另一行政机关的监督”的规定只是将一些内部管理机关或者受监督机关纳入进来，并未实质性地产生限定作用。因此，可以说，该定义实质上是将那些凡是有权力的机关都纳入进来了。[1]

---

[1] See Report of the Committee on the Judiciary House of Representatives On S.7, 79th Congress, 2d Session, Report 1980, 253 (1946) .

从认定方法上看，《行政程序法》并没有以机关名称来进行界定，而是以行政机关在具体情况中的功能和活动来划分的。[1]反之，如果行政机关的定义是以部门、委员会等称谓展开的，那么就属于形式主义的遴选，其会造成实务操作时的严重误解。比如，将一些仅仅具有社区家政事务的组织纳入行政机关的范围，无疑是错误的认定，而将一些实际行使权力却不具相关名称的机关排除出行政机关的范围，则仍是错误的做法。

综上所述，《行政程序法》在其定义条款中对行政机关的界定，基本上是采取了“权力标准”，而且是以功能和活动来作为认定方法的，这代表了立法者在立法时所要实现的目的，[2]也是后续该法条进行适用、解释的重要起点。

三、定义条款的排除事项

从排除范围上看，其占据了定义条款的大部分内容，使得整个条款看起来是运用排除方法作出的消极界定。同时，排除范围中还有类别的区分，其中A项至D项适用于《行政程序法》的所有情形，而E项至F项则是在《信息自由法》以外的情形下适用。

具体来说，国会是权力分立结构中的立法机关，显然不属于行政

---

[1] See Administrative Procedure: A Handbook of Law and before Federal Agencies (2d ed), 1946, p.113.

[2] See Staff of Senate Comm. On The Judiciary, 79tr Cong., 1st Sess., Report On the Administrative Procedure Act 13 (Comm. Print 1945).

机关。同时，国会不仅仅指的是参议院和众议院，而是整个立法分支，包括国会的一些内部机构，比如美国政府印务局等。[1]

法院则是司法机关，与行政权无涉，自然也不是《行政程序法》所指的行政机关。然而，对于法院的组成部分是否构成行政机关的问题，还存在争议。法官在安德拉德诉美国联邦量刑委员会案（Andrade v. U.S. Sentencing Com'n）中认为作为司法机关内部机构的量刑委员会，适用行政程序法上"联邦法院"的排除事项，不是行政机关。[2]与之不同，法院在拉莫诉萨克斯比案（Ramer v. Saxbe）中将司法部内部的联邦监狱管理局认定为《行政程序法》意义上的行政机关。[3]

《行政程序法》是适用于联邦层面的，其不包含外国政府，即便是美国领地或属地的政府，也不适用。在摩尔诉英国案[4]（Moore v. United Kingdom）和菲利普·莫里斯公司诉哈什巴杰案[5]（Philip Morris Inc. v. Harshbarger）中，法院都明确认定行政机关的定义只能在联邦层面的执行机关中适用。

哥伦比亚特区政府作为国会直接管辖的特别行政区，[6]在很多法规范中被规定为类似"州"的性质，比如在《美国法典》第42编"公共健康与福利"中，"州"的定义中就包含了哥伦比亚特区、波多黎各自由

---

1 Mayo v. U.S. Government Printing Office, 9 F.3d 1450, 1451 (9th Cir.1993).

2 989 F.2d 308 (1993).

3 522 F.2d 695 (1975).

4 384 F.3d 1079 (2004).

5 122 F.3d 58 (1997).

6 District of Columbia Organic Act of 1871.

联邦、维尔京群岛、关岛，以及北马里亚纳群岛联邦与太平洋岛屿托管领土。[1] 在《公平债务催收法》中也将哥伦比亚特区列入“州”的规定中。[2]

其中 E 项所指的临时解决纠纷的机关之所以不属于行政机关，盖因为其实质上避开了《行政程序法》上的裁决程序。[3]

F 项、G 项中的军事机关很少从事行政程序法所规制的事项，因此不属于行政机关也是明显的。[4]

H 项则是法定的排除，类似我国“其他法律法规规定不属于行政机关的情况”。

可以发现，排除的范围中所包含的组织大致上都具有一个共同特征：即，与行政权的行使没有关系或者关系不大。这也可以从反面说明，《行政程序法》中“行政机关”的定义条款所采取的是以权力为区分的标准，与名称无涉。

---

[1] 42 U.S.C.A. §405.

[2] PL 104—208, 110 Stat 3009 (1996).

[3] See Report of the Committee on the Judiciary House of Representatives on S.7, 79th Congress, 2d Session, Report 1980, 253 (1946).

[4] See Report of the Committee on the Judiciary House of Representatives on S.7, 79th Congress, 2d Session, Report 1980, 253 (1946).

第三节 “行政机关”定义的后续扩展

《行政程序法》第 3 条中虽然规定了公民获取信息的权利，但对申请人资格作出严格规定的同时，申请人还经常会遭遇行政机关以“正当理由”或者“公共利益的需要”等为理由不予公开的情形，[1]这一方面赋予了行政机关对于“是否公开”具有过大的裁量权，[2]另一方面也使得该法第 3 条实质上成为行政机关不予公开政府信息的重要依据。[3]更为糟糕的是，政府向公众公开的信息，很多都是有选择性的，而非全面、完整的公开。[4]因此，为了保障公民个人获知信息的权利，扭转信息经

---

1 5 U.S.C. § 552 (d), 1946.

2 See William F. Fox, Understanding Administrative Law, Lexis Publishing, 2000, p.365.

3 See Theodore Sky, Agency Implementation of the Freedom of Information Act, 20 Admin. L. Rev. 445 (1967—1968) .

4 See A Citizen's Guide on Using the Freedom of Information Act and the Privacy Act of 1974 to Request Government Records, http: //oversight.house.gov/wp-content/uploads/2012/09/Citizens-Guide-on-Using-FOIA.2012.pdf, 2015-09-23.

常不予公开的现状，美国国会制定了《信息自由法》。这是对《行政程序法》最为重要和显著的修改，[1]其不仅明确取消了公民获得政府信息的限制，[2]还对“行政机关”的定义进行了进一步明确，扩大了“行政机关”的范围，[3]这从国会立法时的目的上可见一斑。[4]同时，该定义也被《隐私法》和《阳光下的政府法》所采用。[5]

一、“行政机关”的定义扩展

自国会议员约翰·莫斯（John Moss）第一个提出为公民获取政府信息提供程序保障以来，行政机关在很长一段时间内对于信息公开持反对态度。[6]一方面，将所有信息向公众公开，甚至向那些无所谓的

---

1 William H. Allen, The Durability of the Administrative Procedure Act, 72 Va. L. Rev. 235, 252 (1986).

2 See Theodore Sky, Agency Implementation of the Freedom of Information Act, 20 Admin. L. Rev. 445 (1967—1968).

3 See Ann H. Wion, The Definition of “Agency Records” Under the Freedom of Information Act, 31 Stan. L. Rev. 1093 (1978—1979).

4 See Richard J. Pierce, Administrative Law Treatise (Fourth Edition), Aspen Law &Business, 2002, p.3.

5 See Jay M. Zitter, What is Agency Subject to Privacy Act Provisions (5 U.S.C.A. §552a), 150A.L.R. Fed. 521 (1998). See also Kevin W. Brown, What is “Agency” within Meaning of Federal Sunshine Act (5 U.S.C.A. §552b), 68 A.L.R. Fed. 842 (1984).

6 See George Kennedy, “How Americans Got Their Right to Know,” The John Moss Foundation, 1996. Available at: http: //www.johnemossfoundation.org/foi/kennedy.htm.

好奇者公开，将会在实践中给行政机关带来严重的问题。[1]另一方面，《信息自由法》可能比任何一个规制方案都会引发更多诉讼、增加更多政府开支，[2]甚至使得信息公开领域成为整个《行政程序法》中的诉讼"重灾区"[3]。因此，行政机关的定义及其范围的问题就直接关系到承担信息公开义务的主体范围，亟须加以澄清，否则将会引起立法目的与现实操作之间出现罅隙，[4]这在立法文本中也有相应的体现。[5]1966年制定、1967年生效的《信息自由法》(第552条（e）项）中并没有对行政机关作出定义，而是在1974年的第一次修正案中才明确了行政机关的定义：[6]"根据本节的立法目的，本节所称'行政机关'和本编第551条第（1）款的界定一样，包括任何行政部门、军事部门、政府公司（Government corporation)、政府控制的公司（Government controlled corporation）和属于政府行政分支（包括总统行政办公室）的其他机构，以及任何独立规制机关。"

可以看出，该定义明确了其与《行政程序法》定义的关系，即具有同质性。同时，其采取了正面界定的方法来列举行政机关的范

[1] See Bureau of the Budget, "Memorandum for Mr. Lee White", Aug.12, 1965. Available at: http://www.gwu.edu/~nsarchiv/NSAEBB/NSAEBB194/Document%201.pdf.

[2] See NLRB v.Robbins Tire Co., 437 U.S.214, 242 (1978).

[3][4] See William F. Fox, Understanding Administrative Law, Lexis Publishing, 2000, p.365.

[5] See Freedom of Information Act Source Book: Legislative Materials, Cases, Articles, S. Doc. 93—82, 93d Cong., 2d Sess.

[6] 5 U.S.C. § 552 (e)(1976).

围，而非消极定义方法，这是二者的区别。从美国国会立法时的资料来看，《信息自由法》上的行政机关定义要比《行政程序法》上的行政机关定义有所扩宽。[1]众议院的提案将《信息自由法》的适用范围扩展到任何行政部门、军事部门、政府公司、政府控制的公司和属于政府行政分支（包括总统行政办公室）的其他机构，以及任何独立规制机关。与此不同，参议院的提案中指出，行政机关包含《行政程序法》《美国法典》中的所有机关。除此以外，还包括美国邮政、美国邮资委员会和所有接受政府资助、行使政府权力的公司。[2]最终，国会采纳了众议院的提案，因为他们希望将《行政程序法》中的行政机关和类如美国邮政、美国邮资委员会、政府公司以及政府控制公司这些已经出现或者将来可能创设的机关纳入行政机关的定义之中，而不想把那些接受政府资助，但既没有得到联邦政府授权，也不受联邦政府控制的公司也一起纳入进来，比如联邦广播公司等。[3]

二、行政机关的具体范围及判断方法

在《信息自由法》的新定义中，除了明显属于行政机关的行政部门、军事部门、政府分支机构和独立规制机关之外，还包含了政

[1] See Freedom of Information Act Source Book: Legislative Materials, Cases, Articles, S. Doc. 93—82, 93d Cong, 2d Sess.

[2] [3] See Freedom of Information Act and Amendments of 1974 Source Book: Legislative History, Texts, and other Documents, 94th Cong. 1st Sess.

府公司和政府控制的公司两类特殊机构。典型的政府公司如田纳西河流域管理局、美国进出口银行等，其均是由国会依法设立、政府完全所有的实体组织，这不但是《1945年政府公司控制法》的要求，还是国会在《信息自由法》中将其纳入行政机关的立法目的所在。[1]与之相比，政府控制的公司则没有明确的内涵，明显的区别即是其包括不属于联邦政府的一些组织，比如美国铁路客运公司等。[2]因此，与《行政程序法》相比，《信息自由法》中行政机关的范围有所扩展，将那些不属于《行政程序法》中行政机关的组织纳入到新定义之中。[3]

同时，国会在《信息自由法》立法之时，对于定义条款所赋予的期待依然是"权力"标准，具体表现为运用政府职能的方法来加以界定。[4]重新审视行政机关的范围即可得到验证：除了明显享有政府职能的组织以外，政府公司本身属于联邦政府，其当然地被赋予了行使行政权力的资格。政府控制的公司虽然可能不属于政府所有，但却在认定时将政府职能、法定章程或者日常活动接受联邦的监管作为必不可缺少的因素。[5]

因此，在《信息自由法》的视野中，行政机关认定的因素一般是

[1][2][3][4] See Freedom of Information Act and Amendments of 1974 Source Book: Legislative History, Texts, and Other Documents, at 128 (Jt. Comm. Print 1975).

[5] See Richard J. Pierce, Administrative Law Treatise (Fourth Edition), Aspen Law &Business, 2002, p.6.

政府职能，这可以归纳为“权力标准”。另外，在对政府控制的公司的认定上，还存在着日常活动接受联邦的监管这样的认定方式，其与“权力标准”存在着明显的不同。

三、后续规范的同类定义

《信息自由法》中行政机关的定义对后续法规范中的同类规定产生了重要影响，《隐私法》和《阳光下的政府法》均不同程度地采用了这一定义。

1974 年《隐私法》主要规范行政机关对于个人信息的收集、持有、使用和公开，这是一部对美国宪法上规定的作为基本权利的隐私权进行具体化保护的法律。[1] 其完全采用了《信息自由法》中的行政机关定义，但也存在个别的例外情形。在 Ehm 诉美国全国铁路客运公司案（Ehm v. National R.R. Passenger Corp.）中，法院认定美国铁路客运公司不是《隐私法》目的下的行政机关，[2] 这与《信息自由法》上将美国铁路客运公司认为属于行政机关的观点，存在明显差别。

1976 年《阳光下的政府法》的制定，旨在公开合议制行政机关的会议过程，[3] 其建基于政府应当向公众公开如何处理公共事务的理

[1] 5 U.S.C. §552a.

[2] 732 F.2d 1250 (5th Cir.1984), cert. denied, 469 U.S. 982 (1984).

[3] Common Cause v. Nuclear Regulatory Commission, 674 F.2d 921, 928 (D.C.Cir. 1986).

念。[1]就法的关系而言，其实质上在《信息自由法》之外为公众提供了一条获知、理解政府决策过程的路径。[2]在该法中，其规定了行政机关的定义：基于《阳光下的政府法》之目的，术语“行政机关”，如该法第552条（e）项（即《信息自由法》的定义）所定义的那样，指的是所有由两名或两名以上，经参议院批准程序后由总统任命的个人成员组成的合议制机构领导的，或者任何分支机构经授权代表行政机关的机关。[3]可以看出，《阳光下的政府法》对于行政机关的定义要相对狭窄，其需要在《信息自由法》定义的基础上满足其他要件，也即是说，其并没有在宽泛的意义上将所有行政机关纳入其规制范围。[4]同时也可以得出结论，一旦某一组织不属于《信息自由法》中规定的行政机关，那么该组织也当然地不能适用《阳光下的政府法》，拉什福思诉经济顾问委员会案[5]（Rushforth v.Council of Economic Advisers）就能说明这一点。然而，美国国会在其他立法中会将一些并不满足条文定义的组织也纳入到《阳光下的政府法》的适用范畴中，[6]这也说明《阳光下的政府

---

[1] Government in the Sunshine Source Book: Legislative History, Texts, and Documents, at 196, 94th Cong., 2d Sess (1976).

[2] Government in the Sunshine Source Book: Legislative History, Texts, and Documents, at 200, 94th Cong., 2d Sess (1976).

[3] 5 U.S.C. §552b (a)(1).

[4] See Symons v. Chrysler Corporation Loan Guarantee Board, 670 F.2d 238, 243 (D.C.Cir. 1981).

[5] 762 F.2d 1038, 1044 (D.C.Cir. 1985).

[6] 参见42 U.S.C. §8103 (i)。该条规定，社区再投资公司（NRC）的会议公开适用《阳光下的政府法》的要求，然而该公司却不符合“行政机关”的定义。

法》中的定义也还存在着一定的理解空间和扩展可能，上述相对狭窄的理解方式也可能在某些情况下被抛弃或者违反。

总之，《信息自由法》上行政机关的定义，通过立法者的主观借鉴，已经在《隐私法》和《阳光下的政府法》中得以明确下来，成为三者共用的法律术语。同时，美国国会在立法时还分别考量了两部法规范所担负的特殊使命，从而对行政机关的定义进行了相应的限定，但这并不影响三部法规范在实务操作中分享同一法律概念的整体状况。

第四节　小结

本章主要对法规范上的行政机关定义进行了梳理，立足立法目的和主要争议，从客观的角度厘清了该定义的内涵和演变，为后续讨论行政机关的认定奠定了基本的法律依据。

首先，在法规范明确规定之前，本书对行政机关在数量和权力上的增加进行了历史维度的观察，并得出结论认为经济发展、社会进步、技术革新直接或者间接促进了行政机关的数量增多和权力扩大，并进一步提出了规制需求，这不免会引起行政机关在资源有限、事务繁多的情况下寻求外部力量来完成特定的公共任务，并促使私主体开始承担一部分公共职能。正是在这样的背景下，如何识别行政机关的问题便呈现在公众面前，也是法院在司法审查中的一个难点。

其次，为解决上述认识中的难题，美国国会在制定《行政程序法》时对于行政机关的定义采取了专门条款规定的方法。这样的做法一方面框定了法律适用的范围，并对适用对象开展了类型化工作，另一方面也排除了不能适用的对象，实质上为解决行政机关的识别问题提供了重要的法律路径。审视《行政程序法》中的定义条款，在形式上，其大致上采取了概括式的立法技术，并采用列举方法厘定了不能适用的“负面清单”；在内容上，不管是能够适用的对象还是排除适用的对象，其本质上都在功能视角下将政府职能作为认定的方法，归结起来即是“权力标准”。“权力标准”的特点是以组织的职能和活动为认定因素，而不是仅仅以组织称谓来加以判断。

《信息自由法》的出台，对《行政程序法》第3条作出重要修正的同时，也对行政机关的定义产生了扩张的效果，这是国会在立法时的重要目的，得到了理论界和实务界的充分认识和一致认可。与《行政程序法》的立法技术相比，《信息自由法》中的定义大致采取了“全项列举”的方式，明确地将行政部门、军事部门、政府公司、政府控制的公司、政府分支机构以及独立规制机构都纳入行政机关的定义中来。在内容上，其传承了功能视角下的“权力标准”，仍然将政府职能作为认定的主流标准。同时，在对政府控制的公司进行立法的过程中，还出现了日常活动接受联邦监管这样的认定内容，其实质上从政府控制的层面对某一组织是否属于行政机关进行了审验。另外，《信息自由法》的定义不仅是迄今为止最常被使用、产生较多争议的内容，而且对后续法规范中行政机关的定义产生了重大影响：尽管《隐私法》《阳光下的政府法》都根据自身立法目的对定义条款进行了部分调整，但是就定义的外延来看，这两部法规范的定义还是在《信息自由法》定义的谱系内，这就构成了本书接下来研究行政机关认定的法律依据。

第三章 《行政程序法》上的认定标准：“行政职能”标准

鉴于行政机关在识别中存在的难题，如上文所述，立法通过专门条款进行了初步澄清，主要包含1974年以前《行政程序法》中行政机关的定义和1974年以后《信息自由法》的定义，[1]这对厘清法律适用的范围具有重要作用。[2]然而，在法律条文的规定中仍然存在一些相当模糊和可供解释的空间，[3]即便国会通过立法文本宣示了其立法目的，但在条文的具体适用时，对行政机关定义的判定还有赖于法院的具体审查，并通过判决的方式呈现出来，特别是对于《行政程序法》中何为“机构”这一看似简单问题的判

[1]《信息自由法》虽然自1967年已生效，但其中并没有定义条款。直至1974年的修正案，行政机关的定义条款才正式出现在该法之中。因此，本书对于新、旧定义的时间划分，即以1974年为分界。

[2] See Kenneth Culp. Davis, Administrative Law of the Seventies, 44 University of Chicago Law Review 260, 269 (1976) .

[3] See James O. Freedman, Administrative Procedure and the Control of Foreign Direct Investment, 119 U. Pa. L. Rev. 1 (1970—1971) .

断，更是存在认定困境。[1]早期的法院采取了司法谦抑的态度，并没有过多地对该类问题进行司法审查，特别是涉及私主体行使权力的案件，则更是鲜有判决。不过，随着立法的推进和行政事务的繁杂，私主体越发成为承担公共任务、实现公共目标的重要外部力量，其在权力行使的过程中不可回避地面临着公众对于其权力来源的民主性、权力行使的合法性等各方面的质疑。从行政机关的角度来看，其存在对于私主体进行控制的内生需求；从法院的角度来讲，权力外溢引起的权力失控正成为公众不断提起诉讼的主因，其有必要在该问题上采取更加务实、妥善的对策；从理论界的呼声来说，早在私主体承担公共任务之前，就有要求加强行政内部监管和司法外部审查的声音。这三者共同构成了对于权力控制的现实需求，并为行政法成为"控制权力"的法奠定了坚实的基础。在法院的判决中，对于《行政程序法》中定义的解释最具代表性的案件是苏西诉大卫案。[2]该案确立了行政机关认定时的"行政职能"标准，其不仅在解决个案上具有定分止争的效果，而且还成为对后续同类案件的审理具有重要作用的判例，实质上是对法条中的行政机关含有的国会意图所进行的再次"成文化"。[3]"行政职能"标准的认定将公私界限在具体案件中得以描述出来，并对属于公权力的部分纳入司法审查的范畴，实际上达到了控制权力的目的。

---

[1] See Edward C. Walterscheid, Access to Federally Funded Research Data under the Freedom of Information Act, 15 Rutgers Computer & Tech. L.J. 1 (1989). See also Kenneth Culp. Davis, Administrative Law of the Seventies, 44 University of Chicago Law Review 260 (1976).

[2] See Ann H Wion, The Definition of "Agency Records" Under the Freedom of Information Act, 31 Stan. L. Rev. 1093, 1115 (1978—1979). See also Grumman Aircraft Engineering Corporation v. The Renegotiation Board, 482 F.2d 710 (1973), 157 U.S.App.D.C. 121 (1973).

[3] 981 F.2d 1288 (1993).

第一节 “行政职能”标准的要素确定

苏西诉大卫案中，法院运用了实质独立的权力标准进行了判断，这是“行政职能”标准最核心的审查内容。反过来看，法院在对实质独立的权力进行审查时，还可以通过查验待判断组织是否仅仅具备一些在此之外的诸如调查、协助、建议等职能从而作出否定性结论，这是一个标准下的正、反两方面的判断因素。苏西诉大卫案的判决对于后续同类案件的司法审查具有重要的判例法的效果，其在后续的审判实践中也体现在大量判决的论述之中。

一、“行政职能”标准的核心——实质独立的权力审查

苏西诉大卫案中，原告苏西向隶属于总统行政办公室的被告科学和技术办公室（OST）的主任大卫申请公开一份名为“《加尔文报告》”（Garwin Report）的文件。被告拒绝公开该报告，因为该报告并非由其掌握，而属于总统掌握的文件。同时，“《加尔文报告》”属于

记载着给总统的建议和意见、结论和推荐内容的行政机关或者行政机关之间的备忘录，属于信息公开的例外。另据法院查明，"《加尔文报告》"系基于对联邦政府关于超音速运载飞机发展的项目评估而产生，其是由国家科学和技术办公室主任杜布里奇根据总统的要求组建的并由以加尔文为首的专家组制作完成。法院总结判决的内容及其与当事人诉求的对应程度后认为，该案的争议焦点之一即是案中涉及的科学和技术办公室是否是《行政程序法》意义上的行政机关，从而得以适用《信息自由法》中信息公开的要求。在本案一审中，哥伦比亚地区法院的主审法官普拉特拒绝了原告的请求，认为科学和技术办公室不属于行政机关，而仅是总统办公室的一部分，因此"《加尔文报告》"不能强制公开。原告不服上诉，二审中，哥伦比亚巡回上诉法院主审法院贝兹伦执笔了最终的判决，判定科学和技术办公室是行政机关，应当适用《信息自由法》。[1]

二审判决[2]中，法院首先审查了科学和技术办公室的成立依据，认定其具有独立实体的地位。科学和技术办公室于1962年根据"重组计划"而建立，位于白宫办公厅以外、总统行政办公室之内，地位与预算局、经济顾问委员会、国家安全委员会、应急计划办公室相仿。同时，从参议院和众议院同意成立科学和技术办公室时的态度可以看出，其是一个独立实体（distinct entity）而非仅仅是总统幕僚的一部分。另外，科学和技术办公室的《宪章》本身也可以佐证其是一个独立的行政实体，并且

[1] [2] 448 F.2d 1067（1971）.

属于行政机关，因为其在《联邦公报》上发布通知，说明了公众可以根据《信息自由法》从科学和技术办公室获取信息，并列出了相应程序。

其次，法院审查了法律对科学和技术办公室的授权内容和法定职能。在成立之初，科学和技术办公室承担了之前已撤销的国家科学基金会的职能：（1）评估联邦行政机关开展的科学研究项目；（2）在完成科学和技术领域相关的联邦政策时为总统提供建议和协助。因此，评估、建议和协助成为科学和技术办公室具备的三项职能。

最后，法院认为，国会1966年通过《信息自由法》的目的是增强《行政程序法》上的信息公开要求。《行政程序法》上的行政机关定义虽然不是十分清楚，但该定义中的行政机关明显指的是那些在行使特定职能时具备实质独立权力的行政组织。考虑到《行政程序法》的主要目的是规制规章制定和行政裁决的程序，那些具备上述两项权力的行政实体很明显属于行政机关，也就适用于《行政程序法》和《信息自由法》。本案中，科学和技术办公室具备了评估的职能——国会认为这一职能代表了其试图为立法机关更好地提供有关联邦科技项目相关信息所进行广泛的调查权，这明显属于"实质独立的权力"。反言之，如果科学和技术办公室仅仅发挥建议和协助的作用，那么无疑其应当属于总统办公室的一部分，而不再属于行政机关。对于这样的结果，威尔基（Wilkey）法官在判决的末尾也表示同意，"在科技领域内，公民对信息的需求更为迫切，这是因为特定科学知识的增长可能会影响公民信息收集的能力，并进一步危及公民控制信息对于公民生活影响的能力。科学和技术办公室的设立本身就是为了缓解该问题。如果科学和技术办公室持续处于公民讨论焦点中的关于联邦科学项目的信息而不公开，那么就违背了其设立的初衷，也不符合《信息自由法》的立法目的”。

综上所述，具有标杆意义的苏西诉大卫案确立了行政机关认定时的“行政职能”标准，其从待判断的组织的独立实体地位展开审查，最终核验其是否具备“实质独立的权力”，并结合《行政程序法》的主要目的，将权力定位在规章制定和行政裁决这两类典型的行政权之上。这一认定标准的特点在于，将待判断的组织作为审查的核心对象，从其特定行为中是否存在权力属性进行审查，其明显属于从职能的、实质的角度上进行考察的。

二、“行政职能”标准的延伸——单一职能审查

苏西诉大卫案在对科学和技术办公室是否构成行政机关的认定中，除了直接从实质独立的权力要素的角度进行审查，还提到了科学和技术办公室如果仅仅具备建议和协助的作用，那么其将不再是行政机关，这实际上是通过协助、建议等事实性行为因素从反面进行认定，归结起来即是“单一职能”（sole function）的认定方式。这一审查内容虽然未在认定中发挥核心作用，但是其被后续的法院所察觉，并反复应用于判决之中。[1]

追寻判例的脉络，单一职能审查的源头至少可追溯至1960年的汉

[1] See Matthew J. Matule, Congress, the Courts, and Regulatory Oversight after Meyer v. Bush: Should the Executive Office of the President be Shielded from Congressional Sunshine?, 18 Vt. L. Rev. 823 (1993—1994).

娜诉拉什案[1]（Hannah v. Larche）中，其争议焦点是民权委员会是否属于《行政程序法》意义上的行政机关。地区法院在一审中认定，（民权委员会）的作用有：在听证中发挥准司法（quasi-judicial）的职能，进行事实调查，针对"法律发展构成对于对宪法上平等保护权利的违背"展开研究，评估"联邦政府的法律和政策"。因此，其通过听证中对于证据资格的认定和其他事务中对于事实真伪的确定实施了"裁决权"，也就构成了《行政程序法》意义上的行政机关。然而，美国联邦最高法院对此进行了改判，其认为，民权委员会的"职能只是纯粹的调查性的以及事实发现"，不是《行政程序法》意义上的行政机关。因此，"单一职能"的审查要素在联邦最高法院的判决中得到体现，这也是苏西诉大卫案中"单一职能"审查的起源。通过正反两方面的对比，将事实性行为因素排除出权力的范畴，在苏西诉大卫案中的表现是为总统提供建议和协助的权力，体现出一脉相承的特点。然而，该案中并没有明确提出"单一职能"的概念，仅仅是具备了"单一职能"审查的基本内容。

在基辛格诉美国记者新闻自由委员会案[2]（Kissinger v. Reporters Committee for Freedom of the Press）中，争议焦点之一是总统直属工作人员和部门是否属于行政机关。负责执笔的伦奎斯特大法官在判决中写道：总统行政办公室中的总统直属工作人员和部门，其唯一职能是

---

[1] 363 U.S. 420（1960）.

[2] 445 U.S. 136（1980）.

为总统提供建议和协助，因此不属于行政机关的范畴。相比于汉娜诉拉什案，该案明确提出了“单一职能”的概念，并将职能限于建议和协助，与纯粹的调查性的以及事实发现的表述相比，其共同点在于缺少实质的权力行使行为。

最典型的案件是2008年的华盛顿公民责任和道德组织诉白宫行政事务办公室案[1]（Citizens for Responsibility and Ethics in Washington v. Office of Admin）。该案中，争议焦点是白宫行政办公室是否属于行政机关。法院认为应当从两方面来进行判断：是否行使实质独立的权力或者是否属于为总统提供建议和协助的单一职能。以此为依据，法院在白宫行政办公室的章程中发现其设立宗旨即是为总统提供建议和协助，且除了规定其为总统行政办公室（Executive Office of the President）的部门提供行政服务以外，从未授权其行使任何行政权，因此白宫行政办公室并不属于行政机关。明显可以看出，法院直接将“单一职能”审查与实质独立的权力审查作为大前提，二者处于并列的关系，实质上是一个问题的两个侧面。

除此以外，还有案件对上述结论进行了重申，比如梅耶诉布什案[2]（Meyer v. Bush）中的法院认为，科学和技术办公室明显属于行政机关，因为其可以作出独立、直接的行为，而不仅仅是为总统提供建议和协助。其他同类案件还包括“司法观察”组织诉美国国家能源政策研发小

1 559 F.Supp.2d 9（2008）.

2 981 F.2d 1288（1993）.

组案[1]（Judicial Watch，Inc.v. National Energy Policy Development Group）等一系列案件。可以看出，单一职能审查的起点是实质独立的权力，其从反面将仅仅具备事实性行为能力的主体排除出行政机关的范畴，与实质独立的权力审查共同构成了完整意义上的“行政职能”标准。[2]

三、“行政职能”标准的后续适用

苏西诉大卫案作为在当时具有引领性的案件，对后续同类案件的判决产生了判例法的影响，以至于同类判决的文书中都将其作为重要的论证依据，这使得“行政职能”标准可以经由个案裁判不断反复使用，在增强标准的生命力的同时，也在一定时期内起到了统一《行政程序法》上行政机关定义的重要作用。

首先，法院对于苏西诉大卫案所确定的“行政职能”标准进行了反复的忠实适用。这既包括如“司法观察”组织诉美国联邦经济情报局案[3]（Judicial Watch，Inc. v. U.S. Secret Service）、能源研究基金会诉核设施安全保护委员会案[4]（Energy Research Foundation v. Defense Nuclear Facilities Safety Bd.）、格鲁门飞机工程公司诉重新协商委员会案[5]（Grumman Aircraft Engineering Corp. v. Renegotiation Bd.）和戴尔诉

[1] 219 F. Supp. 2d 20 (2002) .

[2] Judicial Watch, Inc. v. Department of Energy, 412 F.3d 125 (2005) .

[3] 726 F.3d 208 (2013) .

[4] 917 F.2d 581 (1990) .

[5] 482 F.2d 710 (1973) .

总统行政办公室案[1]（Dale v. Executive Office of President）等大量案件，从行使行政职能的路径进行认定的方式，也有像隆巴尔多诉汉德勒案[2]（Lombardo v. Handler）和铁路工会联合会诉联合铁路公司案[3]（Railway Labor Executives' Ass'n v. Consolidated Rail Corp.）这样从未行使行政职能的角度进行判断的方法，均反映出“行政职能”标准对于后续案件的重要影响。

其次，法院在后续适用中还对“行政职能”标准中的权力要素进行了细化和丰富。考虑到“实质独立的权力”仍包含着不确定的认定因素，后续判决中逐渐出现了对权力要素进行细化和丰富的内容，这既体现在对于权力范围的发展上，[4]也体现在对原有权力形式——规章制定权和裁决权——的丰富上，[5]还体现在对于权力效果的强调上。[6]透过对权力要素三方面的细节化发展和丰富，“行政职能”标准在面对具体问题时更能得以方便适用。

再次，除了忠实适用和发展、丰富权力的要素以外，后续的案件中还出现了“行政职能”标准之下新的审查内容。之所以称其为新的

---

1 164 F. Supp. 2d 22（2001）.

2 397 F.Supp. 792（1975）.

3 580 F.Supp. 777（1984）.

4 Meyer v. Bush, 981 F.2d 1288（1993）.

5 Washington Research Project, Inc. v. Department of Health, Education and Welfare, 504 F.2d 238（1974）.

6 See Edward C. Walterscheid, Access to Federally Funded Research Data under the Freedom of Information Act, 15 Rutgers Computer & Tech. L. J. 1（1989）.

内容，盖因为其虽然表面上看似与“实质独立的权力”要素关系不大，但的确关涉行政职能的行使。通过对判决的整理可以发现，某一主体的设立方式和内部架构等组织因素正成为法院适用“行政职能”标准时不断审查的内容，[1]这可以统合归纳在“行政职能”标准之下，形成更为完整的审查要素。

最后，虽然《隐私法》和《阳光下的政府法》普遍采取了后续《信息自由法》中的行政机关定义，但是有的法院也从“行政职能”标准的角度对其进行了认定。在亚历山大诉美国联邦调查局案[2]（Alexander v. F.B.I.）中，争议焦点是总统行政办公室之下的人事保安办公室（the Office of Personnel Security）和档案管理办公室（the Office of Records Management）是否属于行政机关。法院认为，这二者既无法属于“总统直属的幕僚”这样的例外情形，也不是具备“为总统提供建议和协助职能”的组织，因此应当属于行政机关。可以看出，这明显属于从“单一职能”的角度展开的认定。

总之，苏西诉大卫案确立的“行政职能”标准产生了重要的影响，其通过后续判决的积累形成了相对稳定但又保持开放的认定要素，其既包括原有的权力要素及其细化、丰富，也囊括了新的组织要素，[3]这共同构成了法院视野下《行政程序法》上行政机关的认定标准。

---

[1] See James O. Freedman, Administrative Procedure and the Control of Foreign Direct Investment, 119 U. Pa. L. Rev. 1 (1970—1971).

[2] 971 F. Supp. 603, 150 A.L.R. Fed. 733 1997).

[3] See Ciba-Geigy Corporation v. Mathews, 428 F.Supp. 523 (1977).

第二节 “行政职能”标准中权力要素的发展与丰富

苏西诉大卫案确立的“行政职能”标准，在后续同类案件的不断适用中，首先出现变化的是权力要素。后来的法院一方面从权力授予的范围和程度展开了认定，另一方面还对权力的实际内容进行了丰富，对独立决策权、保管行为等现象能否作为权力的表征作出了判断。同时，与着眼于待判断的组织行使实质独立的权力本身不同，有的判决中还对权力行使过程中，对于外部相对人，特别是私人所产生的权利义务影响进行了补充论证。这三方面共同构成了“行政职能”标准下的核心内容——权力要素的发展和丰富。

一、对于授权程度之强调——权力范围的变化

法院在苏西诉大卫案中将评估联邦项目认定为属于实质独立的权力之后，未进一步讨论该评估权力的范围以及国会授权其权力的程度，而在后续案件中，法院对该问题进行了深入论证，对权力来源的授权

程度和权力的范围进行了具象化的认定，其中以梅耶诉布什案[1]最具代表性，其对苏西诉大卫案中权力要素进行了进一步注解。[2]

该案中，原告梅耶与1988年6月29日向被告放松规制任务小组（Task Force on Regulatory Relief）的主席、时任美国副总统的布什或者其他该组织的成员要求公开以下文件：自1981年2月以来关系到放松规制任务小组已完成事务的所有报告；自1981年2月以来放松规制任务小组审查规制的所有文件，包括列表或者证明；自1985年1月1日起传送给放松规制任务小组及其成员的关于规制等问题的所有备忘录、答复书或者其他书面文件。其后，该申请转为由预算和管理办公室处理，公开了部分文件的同时根据《信息自由法》的规定将行政机关之间的备忘录列为不予公开的信息。因梅耶不服该答复，遂提起诉讼。法院认定，该案的核心问题之一是放松规制任务小组是否属于《行政程序法》上的行政机关，且决定了备忘录是否公开的问题。在该判决的论述中，法院认为根据苏西诉大卫案的审查内容，应当从放松规制任务小组在与行政分支内其他部门进行互动时所体现出的独立于总统的程度进行判断。最终，法院得出结论认为，放松规制任务小组并非仅仅为了为总统提供建议和协助而设立，其本身享有实质独立和主管的权力，因而属于行政机关，其重要理由之一便是总统授予其实质独立的权力的程度。

---

[1] 981 F.2d 1288 (1993).

[2] See Harry A.Hammitt, Mark S.Zaid, John A. Verdi and Ginger McCall, Litigation Under the Federal Open Government Laws, Electronic Privacy Information Center, 2010, p.267.

梅耶诉布什案对苏西诉大卫案中实质独立的权力要素有了更为细致的审查，特别是权力来源对于权力范围的授予程度的内容，这是极为关键的，[1]其为“行政职能”标准中权力要素的审查增添了纵向的深度，也被后来的案例所采纳，成为法院审查行政机关构成要件的重要内容之一。[2]除此以外，法院还从放松规制任务小组行使权力与总统的相似性角度进行了审查，这实质上也是对权力授予程度进行的考察，毕竟授权的权力范围越大，放松规制任务小组就越能够享有更多的独立性，且与总统的权力具有更多的相似性。[3]这在隆巴尔多诉汉德勒案[4]中即有体现：案件争议焦点是国家科学院是否属于行政机关。法院认定国家科学院既未在总统之下发挥相关职能也并不是基于国会或者总统的同意而建立，因此其不是行政机关。判决主文的最后，法院还提到，“国家科学院既不属于政府权力部门，也没有如行政机关那般承担政府职能”。可以看出，其运用了类比的方法加以判断。

二、对于权力内容之强调——权力形式的变化

授权程度代表了法院对实质独立的权力进行了纵向剖析，而权力

---

[1] See Sasha A. Mason, Freedom of Information Act, 66 Geo. Wash. L. Rev. 996 (1997—1998).

[2] Citizens for Responsibility and Ethics in Washington v. Office of Administration, 566 F.3d 219 (1924).

[3] Rushforth v. Council of Economic Advisors, 762 F. 2d 1038 (1985).

[4] 397 F. Supp. 792, 8 Env't. Rep. Cas. (BNA) 1084, 6 Envtl. L. Rep. 2004 (1975).

内容则是在横向意义上对权力形式的审查，其代表了权力的外延。一方面，法院在“什么是权力”的意义上对权力的表现形式进行了细化；另一方面，法院还对“什么不是权力”开展了详细认定，这从两方面共同提炼出权力内容的构成。

第一，独立的决策权属于实质独立的权力。权力判断演化为独立决策权的判断既体现在学界对于权力内容变化的研究上，也出现在判决的文书之中。一方面，对该问题研究最为全面、目光最为敏锐的弗里德曼等学者[1]已经在研究成果中涉猎了这一内容，[2]甚至有学者直接指出了这一现象；[3]另一方面，在以华盛顿研究项目组织诉美国健康、教育和福利部案[4]（Washington Research Project，Inc. v. Department of Health，Education and Welfare）为代表的判决中，也为此提供了实践样本。该案中，法院在认定中认为，具有独立的决策权是行政机关的传统职能，因此在判断某一组织是否属于行政机关时应重点考虑该组织是否具备法定的决策权。当然，也有观点认为，将独立的决策权认定为实质独

1 See 504 F.2d 238，164 U.S.App.D.C. 169（1974）. See also Edward C. Walterscheid, Access to Federally Funded Research Data under the Freedom of Information Act, 15 Rutgers Computer & Tech. L. J. 1（1989）.

2 See James O. Freedman, Administrative Procedure and the Control of Foreign Direct Investment, 119 U. Pa. L. Rev. 1（1970—1971）.

3 See Nicole B. Casarez, Furthering the Accountability Principle in Privatized Federal Corrections: The Need for Access to Private Prison Records, 28 U. Mich. J. L. Reform 268（1994—1995）.

4 504 F.2d 238，164 U.S.App.D.C. 169（1974）.

立的权力的做法实质上是限缩了权力的范围，因此华盛顿研究项目组织诉美国健康、教育和福利部案是对苏西诉大卫案中“行政职能”标准进行的收窄。[1]

第二，提供服务不属于实质独立的权力。在铁路工会联合会诉联合铁路公司案[2]（Consolidated Rail Corp.）中，原告铁路工会联合会要求联合铁路公司公开有关推迟涨工资的相关记录。案件争议焦点之一是联合铁路公司是否属于《行政程序法》意义上的行政机关。法院从政府职能角度进行了认定，认为联合铁路公司享有传统上由私人工厂提供的通勤和货物运输功能，这一点从国会在联合铁路公司设立之初将其定义为私人公司而非行政机关的初衷即能得到印证——联合铁路公司是根据州法成立的营利性公司且不属于行政机关或者联邦政府的机构，因此联合铁路公司没有行使任何政府职能，自然也不属于行政机关。该案的意义一方面体现在将提供通勤服务的组织排除出行政机关的范畴；另一方面也建立了判断政府职能的标准之一：以待判断的组织是否具备经典意义上的政府职能为审查的要素，并可参考组织设立之初的立法授权作为补充论证。

第三，保管行为属于实质独立的权力。在卡盾诉亚当斯案[3]（Cotton

[1] See Martin J. Silverman, Administrative Law-Freedom of Information Act-Agency Records（Forsham v. Harris Comments）, 27 N.Y.L. Sch. L. Rev. 635（1981—1982）.

[2] 580 F. Supp. 777, 120 L.R.R.M.（BNA）2059（984）.

[3] 798 F. Supp. 22（1992）.

v. Adams）中，原告卡盾要求获得史密森尼学会（the Smithsonian Institution）监察办公室的一份报告类信息，其争议焦点是史密森尼学会是否属于行政机关。法院经审查认为，史密森尼学会作为一个学术中心的同时，也是国家的博物馆，其承担着保管和维护国家宝藏的义务从而享有了政府职能。这一结论也可以在同类案件中得到佐证：具有保管和维护国家宝藏的权力从而行使了政府职能并因此属于行政机关。[1] 可以看出，法院通过史密森尼学会这一待判断的组织与国家财产之间的紧密关系得出认定，这一关系将催生政府职能的出现和行政机关的认定。

第四，明显不属于行使权力的情形。在独立投资者保护联盟诉纽约证券交易所案[2]（Independent Investor Protective League v. New York Stock Exchange）中，中小投资者协会针对纽约证券交易所声称某些协会陷于财政危机但又不予公开的行为提起诉讼，争议的焦点在于纽约证券交易所是否属于行政机关。法院认为，《行政程序法》将行政机关定义为"联邦政府机构"，而纽约证券交易所明显不属于联邦政府的权力机构，因此不是行政机关。这意味着，法官在内心已经建立了对于"何为行政机关"的基本判断标准，但没有明确的予以表述，而是通过反面论证的方法将待判断的组织排除出行政机关的范畴，运用的是"明显不属于行政机关"的方法，这本身可以看作是对于纽约证券交易

---

[1] 566 F.2d 289, 296（1977）, cert. denied, 438 U.S. 915, 98 S.Ct. 3144, 57 L.Ed.2d 1160（1978）.

[2] 367 F. Supp. 1376, Fed. Sec.L. Rep.（CCH）P94323（1973）.

所权力内容的缺乏、权力形式的不认可的判断。

基于上述分析可以发现，后续判决对权力内容进行了丰富和发展，这既包括权力形式向独立决策权的演化，也包括对于提供服务、保管行为等内容是否属于权力内容的判断。除此以外，相较于苏西诉大卫案，后续判决还对权力形式的排除范围进行了探索，将那些明显不具备权力的组织直接认定为不属于行政机关的范畴。

三、对于权力的直接影响之强调——权力效果的强调

与上述独立的决策权相关联，一旦某一组织行使了实质独立的权力，那么在相对人的立场上来看，很可能会产生法律上的权利义务关系，这被后来的法院察觉到，并以判决的形式确立下来，成为"行政职能"标准中权力要素的外部效果。

在华盛顿研究项目组织诉美国健康、教育和福利部案[1]中，原告华盛顿研究项目组织提起诉讼要求被告健康、教育和福利部公开11个经其组成部门国家精神健康研究所（the National Institute of Mental Health）批准、资助的明确、具体的研究项目，因为这些研究项目都涉及对于各种精神药物在某些学习障碍儿童的行为中效果比较的研究。该案的争议焦点是涉案同行评审组织（IRGs）是否属于《行政程序法》意义上的行政机关。一审地区法院要求被告公开大部分文件，二审哥伦比亚地区巡回上诉法院一方面认为法定的决策权是解决问题的重要

1 504 F.2d 238, 164 U.S.App.D.C. 169 (1974).

考量因素，另一方面认为还要考虑决策权的行使是否使得该组织与受其决策影响的人之间产生法律关系，并由此将同行评审组织排除出行政机关的范畴。

同类的表述还有“采取有约束力的行为以影响私人的权利和义务”。董诉史密森尼学会案[1]（Margaret Dong v. Smithsonian Institution）中的法院认为，行政机关指的行政分支中有权作出影响私人权利和义务的最终的、有约束力的行为的部分机构。该案中，争议焦点是史密森尼学会是否属于《行政程序法》上的行政机关。法院首先判定，《行政程序法》[第552条第（1）款]和《信息自由法》[第552条（f）项]均是判断的依据，其中《信息自由法》中明显不能将史密森尼学会纳入进来，需要重点考察《行政程序法》上的定义条款。通过考察发现，史密森尼学会可能接近“政府机构”，但却实质上不具备行政职能，也没有对外产生权利义务方面的影响，因此不属于行政机关。这一内容在学者的研究中有所反映：与对规则制定权和裁决权的研究一样，学者也意识到行政主体所具备的行政权力一般都会与受其决策影响的人产生法律关系，[2]或者称之为有约束力的行为，[3]这反过来也是判断行政机关存在与否的重要依据。

---

[1] 125 F.3d 877, 326 U.S.App.D.C. 350（1997）.

[2] See Edward C. Walterscheid, Access to Federally Funded Research Data under the Freedom of Information Act, 15 Rutgers Computer & Tech. L. J. 1（1989）.

[3] See Kenneth Culp Davis & Richard J. Pierce, Jr., Administrative Law Treatise（3d edition）, Little, Brown and Company, 1994, p.4.

综上所述，以苏西诉大卫为确立标志的“行政职能”标准，包含了实质独立的权力审查和单一职能审查两部分基本内容，并在后续案件的逐渐发展中实现了权力要素的丰富，从权力范围的变化、权力内容的变化以及权力效果的变化中即可窥见一斑。因此，“行政职能”标准自确立以来也处于不断的发展和变化之中，因应案件复杂多变的事实要件，其认定内容也相应地通过不断适应变化而产生新的生命力。当然，除了权力要素的变化以外，还有其他要素上的发展，这是下文要进一步揭示的组织要素审查。

第三节 “行政职能”标准中的组织要素审查

权力要素的变化是“行政职能”标准中最为重要和核心的内容，而其他要素特别是组织要素的审查也是“行政职能”标准中不可或缺的部分，因为其涉及待判断的组织成立时的方式和具备的运转机制，这实际上是权力运行的重要辅助装置，影响着权力行使的程度及效益，因此后续法院在判决中不断运用组织上的相关因素来作出判断，这也属于“行政职能”标准所包含的内容。

设立方式的“公”与“私”可能影响权力的来源、资金的来源和权力运行的机制，法院在审查时也往往着重从机构成立史的角度进行条分缕析的讨论，尤其是对待判断的组织在当初成立之时，是否即以行政机关的面貌出现作为探索的重点。在拉扎里迪斯诉美国司法部案[1]（Lazaridis v. U.S. Dept. of Justice）中，争议焦点为美国国家失踪和

[1] 713 F. Supp. 2d 64（2010）.

受虐待儿童援助中心（NCMEC）、国际失踪和受虐待儿童援助中心（ICMEC）是否属于行政机关。原告拉扎里迪斯要求美国司法部、美国国家失踪和受虐待儿童援助中心、国际失踪和受虐待儿童援助中心公开与其自身和其女儿有关的信息遭到拒绝，遂提起诉讼。法院在进行审查的过程中，首先梳理了两个机构的设立方式：美国国家失踪和受虐待儿童援助中心作为一个私人非营利主体于1984年成立，主要在全国范围内为家庭和专业人士提供服务以保护儿童不受拐卖、危害和性虐待。[1]美国国家失踪和受虐待儿童援助中心由私人主体——约翰和沃什咨询公司的沃什创建，其董事会成员包含私人非营利的公司和公共部门。[2]作为联邦的受让人，美国国家失踪和受虐待儿童援助中心是司法部少年司法与预防犯罪办公室（OJJDP）下儿童保护机构负责的项目的“关键组成部分”，“防止或者解决对于易受伤儿童的犯罪，支持失踪儿童组织”。[3]它作为一个全国性的资源中心和信息交流中心，与很多行政机关“合作”“来努力寻找失踪儿童和防止儿童受害”，并且负责一家全国性的、与国际联网的网站。除了从司法部少年司法与预防犯罪办公室获得一年一度的资助外，美国国家失踪和受虐待儿童援助中心还从其他公司、基金会和个人获得资助，其在1998年发起成立了国际失踪和受虐待儿童援助中心确定和协调打击虐待和拐卖儿童行

---

1 Mandate and Mission, http：// www. ncmce. Org, last visited Oct 26, 2015.

2 http：// www. ncmce. org, last visited Oct 26, 2015.

3 42 U.S.C. § 5773（8）—（9）.

为的全球合作网络。[1] 借此，法院认为上述两个中心均是由私主体设立，且影响了其是否可以构成行政机关的判断，这在学界的研究中也有相应体现。[2]

设立方式是机构在成立之前以及成立之时所体现的重要外观，而机构设立之后所建构起来的组织框架则是设立方式的延续，其仍然关涉权力运行的载体与结构，并最终影响到行政机关的存否。首先，法院对待判断的组织架构是否与一般的行政机关具有类似性的特征进行了审查。在罗坎普诉尹迪克案[3]（Rocap v. Indiek）中，争议焦点之一是联邦住房贷款抵押公司（FHLMC）是否属于行政机关。法院在认定中认为，该公司的组织架构体现出与其他行政机关相类似的特征，并认为这对司法审查起到了重要的作用。同时，卡盾诉亚当斯案[4]中，法院在审查史密森尼学会的法律性质时，也认为史密森尼学会的组织架构能够反映出其属于政府机构的法律地位。尽管这是在政府职能基础上的补充性内容，但是其可以起到增强法院审查说服力的作用，因此可以归为"行政职能"标准的组成部分。其次，除了对组织架构的一般性认识之外，有的判决还通过对于组织架构的进一步要求——自给自

---

1 Missing Children Website, http://www. icmec. org, last visited on Oct 26, 2015.

2 See James O. Freedman, Administrative Procedure and the Control of Foreign Direct Investment, 119 U. Pa. L. Rev. 1 (1970—1971).

3 539 F.2d 174 (1976).

4 798 F. Supp. 22 (1992).

足——展开了司法审查。在梅耶诉布什案[1]中，法院在对放松规制任务小组的认定中，除了采用授权程度进行判断之外，还审查了“任务小组是否具备一个由独立的员工、固有的权力作为支撑的独立结构”的内容。法院认为，架构与功能在认定行政机关的过程中其实是并驾齐驱（in tandem）的，而任务小组只是内阁组织的一部分，又缺乏相应的独立的工作人员，因此其不属于行政机关。可以看出，该案的判决中运用了组织架构的审查内容，实际上是“行政职能”标准的体现，也构成了梅耶诉布什案判决的三大审查内容之一。[2]梅耶诉布什案中对组织架构的判断方式，在后续的阿姆斯特朗诉总统行政办公室案[3]（Armstrong v. Executive Office of the President）中又得到体现：法院在认定美国国家安全委员会是否属于行政机关时，借用了梅耶诉布什案中的审查方式，将国家安全委员会的组织架构是否具有自给自足性作为判断其是否构成行政机关的理由。

最后，需要说明的是，在“行政职能”标准的发展中，在其实质独立的权力审查和单一职能审查以外又增添了上述两方面的组织要素审查，但“行政职能”标准中最为核心的部分仍是实质独立的权力审查，而本节所讨论的设立方式和组织架构可以为实质独立的权力审查

---

[1] 981 F.2d 12888（1993）.

[2] See Matthew J. Matule, Congress, the Courts, and Regulatory Oversight after Meyer v. Bush: Should the Executive Office of the President be Shielded from Congressional Sunshine?, 18 Vt. L. Rev. 823（1993—1994）.

[3] 90 F.3d 553（1996）.

提供重要的补充论证和补强说明，是论证中的必要条件而非充分条件。如果某一待判断的组织本身具备了一般行政机关在设立方式和组织架构上的要求，这并不意味着其必然属于《行政程序法》意义上的行政机关，而是需要再行核心权力要素方能得出最终结论。也即，组织要素在权力要素中起到重要作用，但不能代替权力要素来作出判断，这也是各要素之间有所侧重的体现。[1]

[1] See Sasha A. Mason, Freedom of Information Act, 66 Geo. Wash. L. Rev. 996 (1997—1998).

第四节 “行政职能”标准的客观作用

在控权论的视角下观察，“行政职能”标准既是直接由法院在个案判决中确定下来并在对后续案件中的不断适用中积累下来的类似抽象规则的、可反复使用的判断规则，又是国会立法时的主观目的不断在实践中接受检验而存留下来的客观目的，还得到了学界在该领域的研究上从整体或者个别要素上的理论支撑，这些都指向同一个目的——对于行政权力的法律控制，特别是对难以识别的政府职能及其行使主体有了一个明确的、要件化的标准，其对权力的控制能够起到直接的限制和规范作用。反过来讲，相较于将待判断的组织“一揽子”式地纳入司法审查范围的做法，“行政职能”标准的出现实质上为私主体接受司法审查设置了较为明确的界限，既有效控制了权力下放后造成的外溢现象，又划定了司法审查的法定范围，避免了司法审查对私权的过度审查，节省了大量的司法资源。另外，通过司法审查的有序介入和不断发动，司法机关作为“三权分立”中对于行政分支的监督部门，也更好地、更多地发挥了自身的功能，提升了自身作为空间的同时还确立了司法审查的空间，为规制国家权力的有效运行提供了监督路径，免受“司法审查走得过远”之诟病。

一、控制行政权的外溢

如第二章所述，私主体越来越多地承担公共任务这一现象使得公民对于行政机关的识别出现难题，很多时候分不清权力的行使主体，更无法根据《行政程序法》启动相应的救济程序。因此，对于旨在为控制权力提供程序路径的立法目的而言，是否将某一组织纳入行政机关的范畴就直接关系到行政权的控制以及立法目的的实现，[1]是行政法的重要任务。

就私主体承担公共任务而言，司法审查介入遇到的最大难题当属如何在《行政程序法》的规定中找到私主体与行政机关的对接点，从而找到纳入司法审查范围的行为。这一问题的表象是私主体是否可以受到《行政程序法》规制的争议，实则是公与私、公法与私法在现实案例中的具象化。在古罗马法学家的经典著作中，公法和私法共同构成法律学习的整体，其分野在于，公法涉及罗马帝国的政体，而私法涉及私人利益。[2]公法涉及的是程序，而私法涉及的是契约。[3]随着政治

---

[1] See Administrative Procedure: A Handbook of Law and before Federal Agencies (2d ed), 1946, p.111.

[2] 参见(古罗马)查士丁尼:《法学总论》，张企泰译，商务印书馆1989年版，第5—6页。

[3] 参见季卫东:《法律程序的意义》，中国法制出版社2012年版，第62页。

国家与市民社会的二元分离，根据是否与国家机器有关划定了公法和私法的界限成为较为流行的观点，且这一划分不是大陆法系特有的现象，英美法系国家放弃对公法与私法区分的抵制的历史现实可以为该问题作出注脚。[1]具体到私主体承担公共任务上，公法的规定如何施加到行使行政职能的私主体身上，单靠《行政程序法》的规定不免单薄了些，甚至解决不了太多问题：明显属于行政机关的组织自然纳入，明显不属于行政机关的组织自然排除，而处于模棱两可、“灰色地带”中的待判断的组织如何处理实属难题——这恰恰又是规制国家中权力下放、权力外包所带来的最为普遍和常见的现象。因此，“行政职能”标准的形成为弥补法律的漏洞提供了要件化的构造，细化了行政机关所具备的必要要素，为私主体承担公共任务时司法触角的引入提供了路径，也是为司法分支对于行政分支的控制增补了路径，避免了因权力下放和职能外包带来的行政权外溢失去司法的控制，从而出现有权利无救济、权力失控等不良现象，并有效预防了“三权分立”体系中行政分支意图变相摆脱司法分支控制的可能与风险。

在公私合作的情境下，权力控制的问题就显得更为突出。为了更好地突破行政资源有限性的瓶颈，促进外部力量实现行政任务的进度，行政机关很多时候会引进私主体与之共同、合作完成公共任务，比如在环保治理领域、福利供应领域以及专业行业领域等，这一方面避免

[1] 参见金自宁：《公法 / 私法二元区分的反思》，北京大学出版社 2007 年版，第 37—48 页。

了因行政机关自身能力不足或者专业知识缺乏而造成的行政任务搁置，另一方面也将行政任务的完成主体扩展到社会层面，实质上属于以任务为导向的公私合作机制。在该机制中，传统上分配给行政机关和私主体的规制者与被规制者的地位使得司法审查对权力控制的矛头易于仅指向行政机关这一最为明显的权力行使主体，而忽视了可能在行为中实际运用了行政权的私主体，这会导致行政权的一部分或者大部分逃避司法审查，最终引起行政权的恣意和失控，归根结底是缺少类如行政机关那般的程序控制、经费审核等内部装置的规范。除此以外，私主体的行为效力会影响到外部相对人的合法权益，这本身并不能通过平等主体之间的填平损益类诉讼来完成相应救济，而是要针对其所行使的公权力所造成的损害展开诉讼救济。总而言之，一方面是行政机关亟需引入外部私主体来共同承担公共任务的现实需求，另一方面是这些私主体在承担公共任务时会造成权力失控的不良后果，这就需要《行政程序法》在该问题上有所作为，这也是经由法院建立的"行政职能"标准所应当肩负起的重担。因此，"行政职能"标准的出现将公私合作中的行政机关连同一部分私主体一同纳入了司法审查的范围，这也避免了植根于控权结构中诸如程序、公开、无偏私、禁止恣意等价值观念难以扩展适用到变化了的行政权之上的尴尬境地。[1]鉴于此，作为相对人的公民，其合法权益在权力控制的体制中得到了充分保障，特别是在私主体承担公共任务时，公民权益的保护有了可供识别的要

1 参见高秦伟：《私人主体的行政法义务？》，载《中国法学》2011 年第 1 期。

件化标准，并从行政机关所应当负有的宪法义务、行政程序等方面为控制权力外溢提供了具有可操作性的具体措施。

因此，“行政职能”标准在控权结构中起到了重要的作用，以与行政机关行使了相同的行政权为由将私主体纳入行政机关的路径搭建起私主体承担公共任务时对其所行使的权力的司法控制，而且区分了纳入司法审查的标准，从根本上为控权目的的实现提供了重要的工具和方法，为《行政程序法》的适用范围也作出了相对明确的界定。

二、确定司法审查的空间

一直以来，司法在国家政治架构中秉持的是谦抑性原则，这与“不告不理”、司法的被动性、司法消极主义等表述大概指向相同的内容。这也就不难理解，在私主体承担公共任务的情境中，司法的态度更加自持，一方面在受案范围上相对收紧，另一方面在审查判断行政机关的要素时也较为尊重国会、行政机关作出的结论。这体现在苏西诉大卫案及其所建立的“行政职能”标准之中，法院往往会着重审查待判断组织设立之初国会或者上级行政机关的态度，从而对待判断的组织是否属于实体组织、是否获得授权以及是否属于行政机关展开认定。可以说，“行政职能”标准的出现一方面代表了司法审查对承担公共任务的私主体的可介入性有了法定的结论，另一方面也不断固化着司法审查介入的空间，即在对行政机关、总统、国会等在待判断的组织的基本态度保持充分尊重的基础上发挥司法审查的作用。换而言之，谦抑的司法在面临这类新问题时，没有创设新的态度或是隐藏自身的态度，而是在行政机关、总统和国会创设组织时的意愿为根基，找到了司法发挥作用的空间，既不是无所作为，也不是完全罔顾上述部门的已有态度，这是“行政职能”标准的出现和发展中对于司法本身进行的形塑。

在苏西诉大卫案[1]中，二审判决在审查科学和技术办公室时，认定其于1962年根据“重组计划”而建立，位于白宫办公厅以外、总统行政办公室之内，并与预算局、经济顾问委员会、国家安全委员会、应急计划办公室享有相同的法律地位。同时，法院还从参议院和众议院同意成立科学和技术办公室时的态度中分析得出，科学和技术办公室是一个独立实体而非仅仅是属于总统工作部门的一部分，这明显是对国会参议两院态度的充分尊重，并构成作出判断结论的重要依据。

在拉扎里迪斯诉美国司法部案[2]中，法院在判断国际失踪和受虐待儿童援助中心的法律性质时，认定其是司法部少年司法与预防犯罪办公室下儿童保护机构负责的项目的“关键组成部分”，并从司法部少年司法与预防犯罪办公室获得一年一度的资助，这最终形成了法院判断该组织性质的重要内容，因为此处法院尊重了司法部赋予国际失踪和受虐待儿童援助中心的基本法律地位，实际上是在已有部门态度的基础上寻找到了司法认定的空间，并进一步从权力、架构等方面的认定上形成了最终的判断。

---

[1] 448 F.2d 1067 (1971).

[2] 713 F.Supp. 2d 64 (2010).

在华盛顿公民责任和道德组织诉总统行政办公室案[1]中，法院审查了白宫行政办公室是否属于行政机关，并审查了白宫行政办公室成立时总统对于该机构的定位和其宪章中对于自身的规定。法院对总统态度的尊重直接产生了将白宫行政办公室认定为不属于行政机关的结果，这也可以看作是法院在尊重的基础上寻找到解决问题和司法审查的空间。

司法审查确定自身的空间，一方面关系到“三权分立”结构中司法分支对行政分支监督的实现，另一方面也对私主体承担公法义务找到了合法的进路。这一空间的确立，涉及组织性质的确定，其不是在“三权分立”制度之外另起炉灶，也不是依照传统做法“照方抓药”，而是重点关照设立该组织的部门已有的态度，可能是私主体，可能是国会，也可能是总统、行政机关，从这些设立者的初衷出发进行判断，更符合组织设立本意，也融贯了“三权分立”中各个分支的已有态度，实质上是一种更有说服力也更便利的审查方式。

三、舒缓私主体的公法负担

“行政职能”标准的产生切分了权力存无的界限，从正面来看划定了权力行使的主体，从反面来看则是建立了承担公共任务的私主体中不受司法审查的“负面清单”，既可以保证将行政权力“关在笼子里”，又没有采取“一刀切”的方式将私主体不分青红皂白地通通纳入司法审查范围中，这就可以为权力下放、职能外包等行为的实现以及发挥

---

[1] 559 F.Supp. 2d 9 (2008) .

私主体专业技能、更高效率和节省行政资源提供法律上的重要支持。

尽管私主体承担公共任务会在行政方式、行政目标、监管、权利救济等方面对现有行政法制提出严重的挑战，[1]但对这些私主体的监管，特别是司法审查仍要审慎开展，既要避免那些始终围绕"私主体承担公法义务如何可能"命题纠缠而不能自拔的做法，也要警惕不管三七二十一将上述私主体全部交由司法机关进行处理的倾向。"行政职能"标准形成的过程中，法院采取的做法是有所纳入有所放弃，将符合要件的组织纳入司法审查的范围，而对那些仅仅具备个别要素或者形式上符合但实质上不符合要件的组织则"网开一面"，不对其施加行政法上的义务。

梅耶诉布什案[2]的法院判决中确立了认定行政机关的三大审查要件：与总统之间的紧密程度，权力授予的程度以及自给自足的架构。同时，法院在适用三大要件时提出，三者之间并非是并列的关系，权力授予的程度是最重要的因素，其次是与总统之间的紧密程度，最后则是自给自足的架构。因此，仅仅具备了三大要素之一的组织，并不必然属于行政机关。更为明确的表述是，仅仅具备三大要素中的一个或两个的组织，特别是在与总统的紧密程度和自给自足的架构上符合要件的组织，一般不是行政机关。[3]可以看出，对于那些未符合要件的

---

1 参见刘飞：《试论民营化对中国行政法制之挑战》，载《中国法学》2009年第2期。

2 981 F.2d 1288 (1993).

3 See Matthew J. Matule, Congress, the Courts, and Regulatory Oversight after Meyer v. Bush: Should the Executive Office of the President be Shielded from Congressional Sunshine?, 18 Vt. L. Rev. 823 (1993—1994).

私主体，法院判决并未将公法义务施加到它们头上。

还有一些组织在特定法规范之下可以构成行政机关，但这并不代表其同时也构成《行政程序法》意义上的行政机关，毕竟立法目的、规制对象等都可能存在着较大的区别。在董诉史密森尼学会案[1]中，法院认为史密森尼学会在《联邦侵权赔偿法》的意义上具备独立的架构和一定程度的权力，这只是为了在进行赔偿时的判断。[2]因此，史密森尼学会并不具备《行政程序法》意义上的行政权，也不属于行政机关。可以说，相对于什么是行政机关的认定，什么不是行政机关的认定在该案中得到了完全的体现，其一方面是为了寻找到权力的行使主体，另一方面当然也要将不符合要件的组织排除出司法审查的范围。

与之类似的情形还包括组织的负责人是公务员或者在政府的项目或者决策中承担了重要职能的组织，这些都不符合“行政职能”标准的完整要件，因此不属于行政机关，也没有必要纳入司法审查的范畴。

总之，“行政职能”标准对于行政机关的正向建构无疑是引人注目的，也是诸多案件的焦点所在，但是从“行政职能”标准的社会效果来看，将某些组织排除出行政机关的范围从而免于司法审查的现象对于公私合作的激励和私主体能量的发挥更有助益，这也是“行政职能”标准的意义所在。

---

1 125 F.3d 877, 326 U.S.App.D.C. 350 (1997).

2 Expeditions Unlimited Aquatic Enterprises, Inc. v. Smithsonian Inst., 566 F.2d 289 (1977).

第五节 小结

本章主要对控权结构下行政机关认定的标准——“行政职能”标准——进行了历史维度和发展历程上的爬梳，既涉及来源于判决、从判决中丰富和发展的司法审查的脉络，也涵盖学界研究对于认定标准及其细分因素的探索和归纳，这些都构成了客观意义上的对于国会立法目的的法解释，究其根本还是在留有残缺结构的立法语言中寻找到实践的补充内容，以俟为后续同类判决的作出提供统一的审判思路，这就是研究、归纳“行政职能”标准的重要意义。

通过研究，“行政职能”标准之下最核心的要素乃是实质独立的权力。法院在苏西诉大卫案中对其进行的审查构成了“行政职能”标准的渊源。实质独立的权力审查侧重于关注待判断的组织是否具有政府职能，而不仅仅是建议、协助、事实调查等“单一职能”。因此，“行政职能”标准可以从正面实质独立的权力审查和反面“单一职能”审查两个角度展开，只要具备二者之一（其实也是一个事物的两面），即能得出结论。“行政职能”标准在后续判决的积累中得到了发展和丰富，最典型的变化当属权力要素，其在范围、内容以及外部效果上都体现出与苏西诉大卫案中不同的内容。具体而言，后续的案件将苏西诉大卫案中并未涉及的授权程度、权力形式以及对于私主体的权利义务影响呈现了出来，并统合在“行政职能”标准的整体内容之中，构成了相对健全、有所侧重的认定标准。

同时，与权力要素的变化相伴随，组织要素的变化则是苏西诉大卫案中所完全忽略的内容。组织要素对权力要素起到了载体和机制的作用，而权力要素则决定了运行的环境和体制，二者相辅相成，共同对行政机关的认定起到重要的作用。组织要素一方面包含待判断的组织成立之初的设立方式，另一方面关系到待判断的组织成立之后所建立的组织架构，这两方面共同营造出权力运行的大环境，对于从另一侧面发现权力要素具有重要意义。

最后，“行政职能”标准在当时的社会背景下发挥了权力控制的效果，其对难以识别的权力及其形式主体起到了廓清的作用，让相对人对于权力的认识及后续的救济有了更为准确的定位。反过来看，控权本身即是“三权分立”的政治架构中司法分支对行政分支的监督加强，使得一些原本因为行使主体为私主体而无法进入司法审查视野的案件重新回到权力控制的轨道，《行政程序法》中对于行政机关所施加的程序要求也得以在更多的组织上得到实现，因此具有明显的积极意义。

另外，“行政职能”标准在后续判决的适用中没有得到所有法院认可的，其自身也是处于不断的变化之中，[1]也当然少不了来自律师界、学界的质疑声音，但从整体的审判趋势来看，"行政职能"标准确实在一段时期内发挥了重要的作用，特别是在《信息自由法》颁布之前，更是对行政机关的定义起到了相对较权威的影响。所以，法院态度上的个别反复不仅未能对"行政职能"标准的意义产生较大的负面影响，而且赋予了其更大的生命力，为后续的法官开展进一步探索提供了良好的机遇，反过来推动"行政职能"标准在曲折中得到长足发展。

---

1 See James T. O'Reilly, Federal Information Disclosure (2013-Volume 1), Thomson Reuters, 2013, p.81.

第四章 《信息自由法》上的认定标准：“监管关系”标准

在信息公开立法不断演进的过程中，原有的《行政程序法》中的行政机关定义及其职能认定标准越来越无法解决信息公开的新问题，[1]这不可避免地会引起“行政职能”标准的式微，[2]还会引起法院在个案中或创设或寻觅新的司法审查标准，[3]这反过来又使得在行政机关的认定问题上形成了新的判例法。在具有标杆意义的福谢姆诉哈里斯案中，[4]法院在审查中确立了“监管关系”标准作为司法审查中的核心内容。[5]这即是本章要探讨的核心问题。

---

[1] See Edward C. Walterscheid, Access to Federally Funded Research Data under the Freedom of Information Act, 15 Rutgers Computer & Tech. L.J. 1 (1989).

[2] See Nicole B. Casarez, Furthering the Accountability Principle in Privatized Federal Corrections: The Need for Access to Private Prison Records, 28 U. Mich. J. L. Reform 268 (1994—1995).

[3] See James T. O'Reilly, Federal Information Disclosure (Volumes 1), Westlaw, 2013, p66.

[4] 445 U.S. 169, 100 S. Ct. 977, 63 L. Ed. 2d 293, 5 Media L. Rep. (BNA) 2473 (1980).

[5] See Craig D. Feiser, Privatization and the Freedom of Information Act: An Analysis of Public Access to Private Entities Under Federal Law, 52 Fed. Comm. L.J. 21 (1999—2000).

第一节 “监管关系”标准的判例形成

“监管关系”标准的出现不是必然的，其源于解决现实中新问题、新争议的需要，经历了判例法上的形成过程。

就前者而言，虽然“行政职能”标准在解决行政机关的认定问题上产生了重要的作用，但是随着新情况、新组织的出现，特别是国会授权组建私人公司或者资助私人公司完成公共任务的情况成为普遍现象之后，“行政职能”标准愈发凸显出自身的不足，无法完成对于行政机关认定的正常作业。[1]其后，随着1966年《信息自由法》的出台，特别是1974年修正案中对于行政机关定义的修改，“公开为原则、不公开为例外”的法律精神得以确立的同时，[2]关涉行政机关的认定问题

[1] See David E. Lewis and Jennifer L. Selin, Sourcebook of United States Executive Agencies, 2012, pp.14—16. Available at http://www.acus.gov/publication/sourcebook-united-states-executive-agencies.

[2] See “Agency Records” Under the Freedom of Information Act: An Analysis of Forsham v. Califano, 13 Ga. L. Rev. 1040 (1978—1979).

开始逐渐转向对该定义的讨论。该定义的内容为："根据本节的立法目的，本节所称'行政机关'和本编第551条第（1）款的界定一样，包括任何行政部门、军事部门、政府公司、政府控制的公司和属于政府行政分支（包括总统行政办公室）的其他机构，以及任何独立规制机关。"[1]可以看出，其相比于《行政程序法》中的定义有所扩展，将那些"准行政机关"也纳入进来以实现最大程度的公开，[2]比如邮局、铁路公司、联邦储蓄保险公司等，[3]具有明显的进步意义。同时，这一定义还被《隐私法》和《阳光下的政府法》所采用，因此成为三部法律共同适用的统一定义。[4]尽管如此，该定义的立法语言中仍然存在着很大的开放空间，[5]比如对于何为"其他机构"就存在着相当大的不确定性，[6]这属于立法本身的模糊问题，需要在实践中予以进一步澄清。同时，立法上

[1] 5 U.S.C. §552 (e)(1976).

[2] See Greg Bass and Harry Hammitt, Freedom of Information Act Access to Documents of Private Contractors Doing the Public's Business, 35 Clearinghouse Rev. 607 (2001—2002).

[3] Rocap v.Indiek, 539 F.2d 174, 176 U.S.App.D.C. 172 (1976).

[4] See Jay M. Zitter, What is Agency Subject to Privacy Act Provisions (5 U.S.C.A. §552a), 150 A.L.R. Fed. 521 (1998). See also Kevin W. Brown, What is "Agency" within Meaning of Federal Sunshine Act (5 U.S.C.A. §552b), 68 A.L.R. Fed. 842 (1984).

[5] See Susan T. Stephenson, Government in the Sunshine Act: Opening Federal Agency Meetings, 26 Am. U. L. Rev. 154 (1976—1977).

[6] See Edward C. Walterscheid, Access to Federally Funded Research Data under the Freedom of Information Act, 15 Rutgers Computer & Tech. L.J. 1 (1989).

的模糊是问题的内部成因，[1]更为严重的问题则是立法无法适用于现实中某些情况的外部成因，这也是行政事务更为繁杂、分工更为精细所带来的必然现象：越来越多的私主体在一定程度上接受政府的资助并承担起政府本应完成的公共任务，比如环境监测、福利提供等。更有甚者，在传统上明显属于国家保留事项的监狱领域也大量存在着私人监狱的身影。[2]如何运用法解释的路径将这些现象纳入《信息自由法》的范围以内，成为司法机关面临的迫切问题，毕竟《信息自由法》的初衷是将行政机关的行为过程置于公众的监督之下。[3]

就后者来看，"监管关系"标准的形成经历了个案的推动，从1976年的美国诉奥尔良案[4]（United States v. Orleans）开始，法院在《联邦侵权赔偿法》上提出了"监管关系"标准的基本内容，并对社区行动机构（community action agency）的法律性质作出了判断，这可以看作是"监管关系"标准在侵权法上所作的准备。接着，1976年的罗坎普苏尹迪克案[5]和1977年的汽巴嘉基公司诉马修斯案[6]（Ciba-Geigy Corporation v. Mathews）都相应地运用了"监管关系"标准的基本要素对将联邦住宅抵押贷款公司（Federal Home Loan Mortgage Corporation）

[1] See Michele B. Galen, Administrative Law, 1981 Ann. Surv. Am. L. 747 (1981).

[2] See James O. Freedman, Administrative Procedure and the Control of Foreign Direct Investment, 119 U. Pa. L. Rev. 1 (1970—1971).

[3] See Renegotiation Bd. v. Bannercraft Clothing Co., 415 U.S. 1 (1974).

[4] 425 U.S. 807 (1976).

[5] 539 F.2d 174, 176 U.S.App.D.C. 172 (1976).

[6] 428 F.Supp. 523 (1977).

认定为行政机关、将大学糖尿病研究项目小组（University Group Diabetes Program）认定为不属于行政机关。可以看出，“监管关系”标准的形成并不是偶然的和一蹴而就的，其本身存在着一个发展的过程，且是在判例法的形成过程之中不断积累得来的。

一、“监管关系”标准在侵权法上的体现：美国诉奥尔良案

美国诉奥尔良案[1]涉及的并不是行政法，而是侵权法（《联邦侵权赔偿法》）上的问题。然而，该判决中有关的说理与论述，却非常值得行政法领域进行借鉴。

本案中，邻里机会中心（Neighborhood Opportunity Center）依据《经济机会法》而成立，其由作为非营利机构的社区行动机构进行日常运营。在其组织的一次外出活动中，汽车在返程时发生了交通事故，并撞伤了一名未成年男孩。事后，该未成年男孩与其父亲一道根据《联邦侵权赔偿法》对美国政府提起诉讼。一审俄亥俄州北部地区法院作出判决支持美国政府的请求，该未成年男孩及其父亲上诉。第六巡回上诉法院推翻了一审判决并发出移送令。最后，联邦最高法院就该案作出了判决：联邦最高法院伯格（Burger）大法官执笔的判决中认为，案中的社区行动机构根据《经济机会法》接受联邦的资助，并且为了满足联邦资助的要求还接受了百分之二十的实物资助以为地方提供帮助，但社区行动机构不是行政机关，并且社区行动机构及其雇员

---

1 425 U.S. 807 (1976).

也不是《联邦侵权赔偿法》意义上的联邦雇员。

分析该案可以看出，受伤的未成年男孩及其父亲作为原告，其诉求是要求美国政府对其进行赔偿，因为"负责组织外出的美国政府的人员在其组织和监管方面存在重大疏忽"，而被告则认为其本身并不属于联邦行政机关。因此，本案的争议焦点即是社区行动机构是否属于《联邦侵权赔偿法》意义上的"行政机关"。也正因为如此，联邦最高法院在判决中指出，本案适用的是《联邦侵权赔偿法》中关于要求政府向私人那样对因政府及其雇员的疏忽、错误、遗漏所造成的伤害进行法定的赔偿的条文。[1]

法院首先引用了《经济机会法》中的定义：社区行动机构指的州政府或者政党批准的是州政府或者政党的分支、公共或者私人的非营利性机构或者组织，其负责规划、实施、管理、评估社区行动项目。[2]首先，社区行动项目中包含了针对引起社区贫穷明显的或者潜在的主要原因所采取的一系列服务和活动。其次，法院论述了俄亥俄州在对政府雇员和合同外包者区分时所采取的审查标准——日常运营是否受到联邦政府的监管，[3]并认为判断行政机关合同外包者的关键因素之一即是联邦政府是否对该合同外包者行使了"控制具体的实际运行"的权

---

[1] 28 U.S.C. s 1346 (b) .

[2] 42 U.S.C. s 2790 (a) .

[3] See e.g., Gillum v. Industrial Comm'n, 141 Ohio St. 373, 381, 48 N.E.2d 234, 237 (1943); New York, C. & St. L. R. Co. v. Heffner Constr. Co., 9 Ohio App.2d 174, 223 N.E.2d 649 (1967) .

力。[1]最后，法院将该案的落脚点置于联邦政府是否对社区行动机构进行了日常运行的监管上，并认为虽然社区联邦机构接受了联邦的资助且需要遵守联邦的认定标准和规范，但是仅仅这些因素是不能将私人行为转化为行政机关行为的，因为在这一情况下，联邦政府并没有针对其资助的所有计划和项目通过赠与、授权、合同或者贷款等方式对其具体的实际运行进行控制。[2]因此，在这个意义上，社区行动机构并不属于联邦层面上的行政机关，[3]也无法适用《联邦侵权赔偿法》。

总之，美国诉奥尔良案在对社区行动机构的法律性质作出个案甄别的同时，还提出了判断行政机关的重要标准——对于日常运行的监管，这既是解决个案争议的重要审查标准，也是“监管关系”标准在《联邦侵权赔偿法》上的重要体现，为“监管关系”标准在行政法上的最终成型提供了坚实的法律基础和典型的同类借鉴经验。

二、“监管关系”标准在行政法上的体现：罗坎普诉尹迪克案和汽巴嘉基公司诉马修斯案

美国诉奥尔良案在《联邦侵权赔偿法》上的出现，为行政法上同类问题的解决提供了现实路径，特别是对私主体承担公共任务时是否要对私主体施加信息公开的义务这一问题的解决提供了客观上的解决方案。即便在没有证据证明法院和法官未对其进行参考的情况下，相

---

[1] [2] Logue v. United States, 412 U.S. 521, 528, 93 S.Ct. 2215, 2219, 37 L.Ed.2d 121, 128 (1973).

[3] 28 U.S.C. s 2671.

应案件的判决中也出现了与美国诉奥尔良案中"监管关系"标准几乎一致的内容。[1] 在这些案件中，罗坎普诉尹迪克案[2] 在判决中提出了日常运作处于联邦控制之下是基于《信息自由法》立法目的所划定的分界线；汽巴嘉基公司诉马修斯案[3] 在判决中提及在认定行政机关的过程中需要考量是否存在联邦对于日常运行活动的实质监管。

在罗坎普诉尹迪克案[4] 中，唯一的争议焦点是联邦住宅抵押贷款公司（FHLMC）是否适用《信息自由法》，从而根据该法要求在《联邦公报》上公开特定信息以及编纂并公开一份各种企业材料和信息的索引。其中，最核心的问题则是联邦住宅抵押贷款公司是否属于行政机关。原告认为，联邦住宅抵押贷款公司属于政府控制的公司，因而属于第 552 条规定中的行政机关范畴。一审地区法院的罗宾逊法官认为，《信息自由法》1974 年修正案在立法时已经透露出国会将《信息自由法》的适用范畴扩展到一些政府与私人混合型的主体的意图，而本案中的联邦住宅抵押贷款公司则在其中。因此，一审法院支持了原告的诉请，将联邦住宅抵押贷款公司认定为行政机关并相应承担法定的义务。二审中，原告补充了相应的理由来论证联邦住宅抵押贷款公司属于行政机关的结论：该公司仅仅适用联邦法，而不适用任何州法；该公司董事会完全由联邦政府的官员构成；该公司的运营由法律严格控

[1] See Edward C. Walterscheid, Access to Federally Funded Research Data under the Freedom of Information Act, 15 Rutgers Computer & Tech. L.J. 1 (1989).

[2] [4] 539 F.2d 174, 176 U.S.App.D.C. 172 (1976).

[3] 428 F.Supp. 523 (1977).

制；在特定目的下，该公司被国会当作普通的行政机关，其员工也是美国政府的雇员。被告联邦住宅抵押贷款公司则认为，在参议院针对《信息自由法》1974年修正案的报告中，相比而言，联邦住宅抵押贷款公司受到的控制比公共广播公司更少，而且国会意图使其如私人公司那样发挥功能。另外，上述修正案的立法史也表明，联邦住宅抵押贷款公司根本不适用于《信息自由法》。法院认为，在缺少了联邦特许的情况下，联邦住宅抵押贷款公司本身当然并不构成政府控制的公司，也不是《信息自由法》意义上的行政机关。然而，显而易见的是，联邦住宅抵押贷款公司的日常运行处于联邦政府的实质控制之下，这也是基于《信息自由法》立法目的所划定的分界线。因而，应当在国家银行、未被《信息自由法》纳入适用范围的、由联邦政府担保的存贷款组织和本案中理应纳入《信息自由法》适用范围的联邦住宅抵押贷款公司三者之间作出区分。从该判决中可以看出，其采取了“监管关系”标准将联邦住宅抵押贷款公司纳入到了《信息自由法》所规定的行政机关定义之中。

汽巴嘉基公司诉马修斯案[1]中，原告汽巴嘉基公司是一家制药厂商，而被告是健康、教育与福利部（HEW）部长，国家卫生研究院（NIH）、食品和药品管理局（FDA）局长，大学糖尿病研究项目小组（UGDP）以及马里兰大学。原告在向被告获取特定的信息时遭到拒绝，遂提起诉讼。该案的争议焦点是大学糖尿病研究项目小组（UGDP）是

1 428 F.Supp. 523 (1977) .

否属于行政机关。原告认为该项目小组从全国关节炎、新陈代谢及消化系统疾病中心（NIAMDD，隶属于国家卫生研究院）获得了联邦资助，因而构成了行政机关，其研究的原始数据也应当公开，而被告认为在其与研究小组签订的协议中明确了"大学糖尿病研究项目小组制作的原始数据是私人调查者和合作中心的财产"，因而不予公开。一审地区法院泰妮（Tenney）法官认为该项目小组不是行政机关，其信息也不是依据《信息自由法》应当公开的信息。同时，尚没有证据证明项目小组研究人员的基础数据受到行政机关在行使政府职能时的直接控制或者实质利用，这些信息不能被推定为是信息公开意义上的"政府信息"。上诉法院在判决中认为，大学糖尿病研究项目小组这一项目是由私人设计和组织的，其正常的运行并没有受到联邦的实质监管。具体来看，大学的研究者都是国家卫生研究院资助的私人一方和个人接受者。尽管受到公共资助，但是这一合作项目最初即起源于私人的科学探索，并没有如国会授权行政机关那样行使正常的联邦职能；其接受联邦的审计但是却没有联邦对其日常运营的监管；其自愿将研究结论和发现呈交给联邦食品和药品管理局但缺少为行政机关作出决策的"法定权力"。换句话说，大学糖尿病研究项目小组不管是在形式上还是在权力上都不构成行政机关。相应的，其原始数据自然也不构成"政府信息"。所以，可以发现，政府参与该项目的程度以及对大学糖尿病研究项目小组的控制程度远远不足以得出结论认为，大学糖尿病研究项目小组构成了《信息自由法》目的下的行政机关。该案中，法院在对大学糖尿病研究项目小组的法律性质进行确定时，采取了"监管关系”标准，即考察了该项目小组的日常运行是否受到联邦的实质控制，明显属于“监管关系”标准在行政法上的重要体现。

通过对罗坎普诉尹迪克案和汽巴嘉基公司诉马修斯案的分析，发掘出了“监管关系”标准在行政法上的初期体现，其基本特征均是对待判断的组织的日常运行是否受到联邦的实质控制作为审查标准之一，带有典型的“监管关系”标准的色彩。然而，这两个案件中法院还采取了从其他角度展开认定的方法，比如法定决策权、组织架构等明显属于“行政职能”标准的内容，这体现出法官在作出判决时力求全面、完整地阐述理由。

三、“监管关系”标准的成形：福谢姆诉哈里斯案

与汽巴嘉基公司诉马修斯案在案情上有很大相似性的福谢姆诉哈里斯案[1]也涉及法院对于大学群体糖尿病项目小组法律（UGDP）性质的判断。该案中，原告福谢姆在对行政机关作出的决定进行质疑时，需要一些佐证材料，因此其根据《信息自由法》直接向被告大学群体糖尿病项目小组、健康、教育和福利部申请公开该项目小组在科研过程中产生的原始数据。在遭到拒绝后，原告向法院提起诉讼，要求被告按照《信息自由法》的要求公开其所要求的信息。

本案中，大学群体糖尿病项目小组是由一群擅长糖尿病疗法的私人内科医生和科学家构成的，他们来自全国范围内的十二家诊所且在

---

1 445 U.S. 169（1980）.

马里兰大学协调中心的协调下开展工作。该项目小组受到作为隶属于健康教育和福利部的行政机关——全国关节炎、新陈代谢与消化疾病研究中心的资助，也即受到联邦的资金支持开展的一项长期的对于五种糖尿病疗法作用研究的科学项目。在该资助关系中，全国关节炎、新陈代谢与消化疾病研究中心有权对大学群体糖尿病项目小组进行监管，并可以获取或者永久持有大学群体糖尿病项目小组在科研中所产生的原始研究数据。具体来看，该研究中心对项目小组的数据实行的是间接审查，即通过另一个其资助的私人科研组织对项目小组研究的效果进行评估，但在审查后并未将原始数据呈交给该研究中心，而是一份单纯的评估报告。这意味着，该研究中心并未直接行使获取项目小组原始数据的权力。所以，案中所知的原始数据自始至终由大学群体糖尿病项目小组掌握和持有。除此以外，大学群体糖尿病项目小组还经由食品及药物管理局与联邦政府之间产生间接关系：1970 年，该项目小组公布其研究成果时，报告中提到相较于研究中的其他疗法，成人型糖尿病患者采用甲糖宁的疗法增加了心血管疾病发作的危险。相似地，使用降糖灵也会增加心脏病发作的危险性。食品及药物管理局在获知项目小组的研究最终结论后，以此为依据发表了声明，并暂停了涉案新药物的上市申请。换句话说，项目小组的研究成为了食品和药品管理局作出行政决定的基本依据，食品和药品管理局对这些研究产生了重要依赖。原告基于以下理由认为涉案信息属于政府信息：首先，这些信息为项目小组所有，而项目小组获得了联邦的资助并且在使用这部分资金时受到联邦政府的一定程度的监管。这意味着，项目小组本身构成了行政机关。其次，如果作为行政机关的健康、教育和福利部有意获取这些信息，资助协议中明显可以规定这一内容。此外，通过这些数据构成的报告被食品和药品管理局在有关的行政行为中引以为据的事实也可以发现，涉案信息明显属于政府信息，并应当根据《信息自由法》的要求向原告公开。一审地区法院认为上述信息未构成《联邦信息自由法》意义上的“政府信息”，健康、教育和福利部拒绝请求的做法是正确的。上诉由联邦最高法院发布调卷令审理并作出了维持原判的判决。

本案的争议焦点之一即最为前提性的问题是大学群体糖尿病项目小组是否构成《信息自由法》意义上的行政机关。联邦最高法院伦奎斯特大法官执笔了案件的判决书，其从三个角度开展了对大学群体糖尿病项目小组法律性质的司法审查，这也是本案中的多数意见。[1]

第一，立法原意的考察。《信息自由法》中，行政机关的定义和本法第551条第（1）款的界定一样，即包括任何行政部门、军事部门、政府公司、政府控制的公司和属于政府行政分支（包括总统行政办公室）的其他机构，以及任何独立规制机关。[2]明显可以看出，大学群体糖尿病项目小组这一私人组织无法落入其中的任何一项内容。同时，考察立法时可以发现，在《信息自由法》的制定过程中，“国会议员指出他们确实‘不想将接受一定资助但既未被联邦政府特许也未受到联

1 445 U.S. 169（1980）.

2 5 U.S.C. §552（e)(1974）.

邦政府控制的公司包括进来，比如公共广播公司'"。[1]所以，大学群体糖尿病项目小组明显不属于行政机关。第二，监管要素的考察。法院认为，在确定受资助者的法律性质时，国会意图使得《信息自由法》的处理与其他法律的处理理应保持一致。据此，法院适用了美国诉奥尔良案[2]所建立的基本结论，"联邦的资助通常不产生与受助人之间的合伙或者合资关系，而且缺少了广泛的、具体的和日常的监管，其也不会将受资助者的私人行为转化成政府行为"。可以看出，法院认为作为受资助者的大学群体糖尿病项目小组缺少必要的监管要素，因而不能将其行为转化为政府行为，其自身当然也无法构成行政机关。第三，尊重自治权的考察。法院认为，假设国会有意将所有受资助的私人主体直接排除出行政机关的范畴，其本可以在立法中予以明确规定，但是国会却没有这样做。究其原因，法院认为在此存在着国会对于受资助者自治权的尊重空间，以采购合同和捐赠协议作为类比来说明：采购合同中，行政机关拥有财产或者服务的所有权，理所当然也包含在此其中所产生的任何政府信息，而在捐赠协议的情况下，受资助者拥有其所产生的信息的所有权，除非协议中明确规定行政机关有权获取。在本案中，健康、教育和福利部实际上并未行使其享有的这一权力。所以，法院认为本案更加接近捐赠协议的情形，这些信息不构成政府信息，否则将严重背离尊重受资助者及其自治权的国会初衷。

---

1 H.Conf.Rep.No.93—1380, pp.14—15 (1974), printed in Freedom of Information Act and Amendments of 1974 Source Book 231—232 Comm. Print 1975.

2 425 U.S. 807 (1976) .

由此，法院得出结论，大学群体糖尿病项目小组在仅仅接受联邦资助而“缺少了广泛的、具体的和日常的政府监管的情况下”，无法构成行政机关从而也不负有政府信息公开的义务，原告的诉请无法得到法律的支持。可以看出，联邦最高法院明确提出了认定行政机关的“监管关系”标准，这是行政法上具有标杆意义的重要判决，其对后续同类案件的判决发挥了判例法的作用，时至今日仍是法院在审查行政机关时最为常用的认定标准。[1]

“监管关系”标准首先出现在《联邦侵权赔偿法》上有关行政机关认定的争议中，其形成了判例法的重要源头，并对后续行政法领域中同一标准的引入和适用产生了重要影响。[2]至福谢姆诉哈里斯案，“监管关系”标准已经成为判断《信息自由法》上行政机关的重要认定标准，其经由判例沿袭而来，必然会在后续同类判决中发挥重要作用。因此，有必要进一步廓清“监管关系”标准在福谢姆诉哈里斯案中所包含的基本要素，并重点考察这些要素实际发挥的作用以及自身发生的变化。

---

[1] See Nicole B. Casarez, Furthering the Accountability Principle in Privatized Federal Corrections: The Need for Access to Private Prison Records, 28 U. Mich. J. L. Reform 268 (1994—1995).

[2] See Martin J. Silverman, Administrative Law-Freedom of Information Act-Agency Records (Forsham v. Harris Comments), 27 N.Y.L. Sch. L. Rev. 635 (1981—1982).

第二节 “监管关系”标准的要素确定

深挖福谢姆诉哈里斯案中认定行政机关时“监管关系”标准所体现出的基本要素，可以发现法院对于实质监管的强调以及对于单纯的联邦资助的否定评价，可以归纳为“监管关系”标准的核心要素和排除要素。同时，考虑到“监管关系”标准的判例法地位，还应当在后续的现实判决中发掘忠实适用的典型案件，并总结出上述要素的忠实适用、丰富发展以及创新等方面的变化，这是研究“监管关系”标准的重要任务和必然要求。

一、“监管关系”标准的核心要素：实质监管

福谢姆诉哈里斯案[1]中，法官着重从监管的角度开展了对大学糖尿病研究项目小组法律性质的认定，包含广泛、具体和日常的监管等内

[1] 445 U.S. 169 (1980).

容。进一步抽取法院判决中对于监管要素的要求可以发现，这可以归纳为实质监管，包含以下三方面内容：

第一，享有监管权。福谢姆诉哈里斯案中，法院之所以未将大学糖尿病研究项目小组认定为行政机关，最为基础的原因即有权对其进行监管的行政机关健康、教育和福利部不采取任何监管措施。反过来讲，是否享有监管权是“监管关系”标准中的重要因素，其直接关系到行政机关的成立与否。同时，分析判决中所体现出的监管权的形式或者方式，可以发现本案中的监管权主要体现为以健康、教育和福利部下属的全国关节炎、新陈代谢与消化疾病研究中心对大学糖尿病研究项目小组借由第三方私人科研主体对其进行了评估，且该第三方私主体并未获得涉案的原始数据。这从信息持有的角度来看意味着健康、教育和福利部并未实际掌握涉案政府信息。总之，健康、教育福利部与大学糖尿病研究项目小组是资助者与受资助者的关系，所以基于该资助关系形成了前者对后者的要求定期报告、对现场活动进行审查的权力，这就是监管权的重要体现。

第二，实质监管权。监管权的享有是基础命题，而监管的程度则是其核心内容。从一般意义上来看，监管权既可以表现为实质参与受资助者的活动，也可以在形式上基于资助关系对基金进行审查管理。本案中，法院明确将权力规定为“广泛的、具体的日常监管”，这无疑将健康、教育和福利部作为私人受资助者一定程度上的领导机关，类似董事会、总经理在公司所开展的监督那样，事无巨细、完全渗透地参与到了私主体的运行之中，这是一种实质监管权的体现。分析该判决，广泛的、具体的日常监管不仅涉及资金的使用和汇报，还全面涉及大学糖尿病研究项目小组的任何活动，包含科研以及科研过程中产生的信息、科研结论及其评价等，这实际上已经将大学糖尿病研究项目小组作为行政机关的分支机构加以对待，二者在功能上具有很大的一致性。

第三，行使监管权。监管权的形式及程度关系到权力本身，监管权的行使则关系到权力效果。享有实质的监管权本身可以看出健康、教育和福利部作为监管者的地位，但其需要实际行使这一权力，才会发生外部效果，将受资助者的行为转化为政府行为，将私人主体转化为行政机关。本案中，法院之所以未将大学糖尿病研究项目小组认定为行政机关，除了健康、教育和福利部并未掌握涉案政府信息外，更为重要的缘由则是享有实质监管权的健康、教育和福利部并未实际行使该权力，这也就造成权力的“沉睡”，从而未能发生法律效果，更妄论对外部的私人主体所产生的转化作用。

因此，“监管关系”标准的核心要素是实质监管，其包含享有监管权、实质监管权和行使监管权三大细分因子，三者必须同时存在的情况下才可能满足“监管关系”标准的要求，也才有可能对私主体是否属于行政机关作出肯定的判断。

二、“监管关系”标准的排除要素：单纯的联邦资助

福谢姆诉哈里斯案[1]中，联邦最高法院除了将实质监管作为核心认

---

[1] 445 U.S. 169 (1980).

定标准以外，还对单纯的联邦资助是否可以将私人受资助者转化为行政机关进行了论述。最终，法院认为单纯的联邦资助并不能发挥实质监管要素的相同效果，因此这可以看作是“监管关系”标准中的排除要素。

本案中，大学糖尿病研究项目小组经由1961年至1978年的大约1500万美元的联邦拨款独资赞助确实从联邦政府获得了资金支持，这也是原告诉请中的重要理由，且据此理由认为大学糖尿病研究项目小组构成了行政机关。法院从《信息自由法》中行政机关的定义出发，认为国会已经再次暗含了私人受资助者的信息不予公开的立法意图，这也间接地证明了联邦的资助与政府信息之间不存在天然的对应关系，资助本身也不构成政府信息成立的必要条件。同时，国会在立法时实际上已经将私人受资助者排除出行政机关，这从私主体无法落入行政机关定义中的任何门类的事实即可得到佐证。最终，法院得出结论认为，大学糖尿病研究项目小组不属于《信息自由法》意义上的行政机关，这实际上也表明了法院对于联邦资助的判定：单纯的联邦资助并不能将私主体的行为转化为政府行为，也不能将私主体转化为行政机关。

因此，福谢姆诉哈里斯案在适用“监管关系”标准时，将单纯的联邦资助作为了排除要素，毕竟一方面联邦资助本身更可能构成“捐赠关系”从而适用捐赠协议中的相关规定，另一方面资助关系中缺少了实质监管权的行使，也无法适用“监管关系”标准从而对私主体及其行为产生私法向公法意义上的转化。

三、"监管关系"标准的后续适用

福谢姆诉哈里斯案[1]作为标志性案件，其对后续同类案件的判决产生重要的判例法作用，这既包括其在《信息自由法》上的普遍使用，也影响到了《隐私权法》《阳光下的政府法》上同类案件的判决。

在《信息自由法》上，"监管关系"标准在后续适用中最为典型的案件之一即是旧金山医学中心欧文纪念血库诉美国国家红十字会案[2]（Irwin Memorial Blood Bank of San Francisco Medical Soc. v. American Nat. Red Cross）。本案中，原告欧文纪念血库依据《信息自由法》要求美国国家红十字会公开其部分财务上的有关信息，在遭到被告拒绝后提起诉讼。原告认为国家红十字会已经普遍的被当做是行政机关，并且在联邦和州的规定中已经有这样的观点。最为重要的是，国家红十字会也存在将其自身视为行政机关的情形。被告则认为其不构成《信息自由法》定义条款中的行政机关。因此，案件的争议焦点在于国家红十字会是否属于行政机关。法院在分析是首先对 1974 年《信息自由法》修正案的立法规定进行了剖析，将行政机关、总统行政办公室的机构、政府公司、政府控制的公司的定义进行了规定。然后，法院将这一规定背后的立法目的进行阐释，认为应当尽可能地扩大行政机关的涵盖范围本身并没有问题，但应当将扩大的范畴和标准在法院的逐

---

1 445 U.S. 169 (1980) .

2 640 F.2d 1051 (1981) .

案判决中加以确认。借此，法院认为，不论将国家红十字会认定为机关、公司还是其他组织，要使其成为联邦意义上的行政机关，前提性的要求是具备联邦控制或者监督，而本案中国家红十字会既未受到联邦的任何资金支持，也没有来自政府官员对于其日常事务的监督，因此在政府控制程度上非常低，因此国家红十字会不构成《信息自由法》意义上的行政机关。可以看出，旧金山医学中心欧文纪念血库诉美国国家红十字会案[1]对于“监管关系”标准进行了忠实的适用，其不但沿用了实质控制要素来加以认定，还对监管权的面向进行了明确陈述：日常事务的监督。

在密苏里州诉美国内政部案[2]（State of Missouri，ex rel. Garstang v. U.S. Dept. of Interior）中，争议焦点是密苏里河资源委员会是否属于《信息自由法》意义上的行政机关。法院认为，虽然该委员会与美国内政部建立了合作关系，但内政部仅仅是为密苏里河资源委员会的协调员提供资金扶持，这本身不足以使得该委员会成为联邦行政机关。尽管基于行政的需求，协调员会向内政部报告工作，但这并不代表联邦政府对密苏里河资源委员会开展了广泛的、具体的和日常的监管，因此密苏里河资源委员会不构成行政机关。该案与福谢姆诉哈里斯案的判断方式如出一辙，反映出该案对后续案件的重要影响力。在公民健康研究小组诉美国健康、教育和福利部案[3]（Public Citizen Health Research Group v.

---

[1] 640 F.2d 1051（1981）.

[2] 297 F.3d 745（2002）.

[3] 668 F.2d 537（1981）.

Department of Health，Education and Welfare）中，一家医疗基金会与健康、教育和福利部签订合同，开展对于联邦医疗保险和医疗补助计业标准的研究项目，案件的争议焦点即该医疗基金会是否属于《信息自由法》意义上的行政机关。法院认为，医疗基金会是一家根据州法成立的私人、非营利公司，其由私人医师独立负责该公司的经营，而政府几乎很少进行监管。尽管该医疗基金会在作出决策时会受到联邦医疗保险和医疗补助项目的影响，但考虑到国会在立法时并未尝试将这类机关的信息向公众公开，医疗基金会是独立于联邦政府而存在的，其不必接受公众的监督。该案与福谢姆诉哈里斯案的争议对象有很大的一致性，其判断方式也体现出"监管关系"标准的影响。

当然，后续还有大量的案件适用了"监管关系"标准，因而构成了一系列同类判决，比如在1994年的莱克伍德居民协会诉莱克伍德镇案[1]（Lakewood Residents Ass'n，Inc.，v. Township of Lakewood）中，其中一个争议焦点是莱克伍德租房协助项目是否属于《信息自由法》意义上的行政机关。法院认为在缺少广泛的、具体的、日常的政府监管的情况下，该组织无法构成行政机关。这明显属于对福谢姆诉哈里斯案的"监管关系"标准的忠实适用。同时，"监管关系"标准还在伊利诺伊继续法律教育研究所诉美国劳工部案（Illinois Institute for Continuing Legal Educ. v. U.S. Dept. of Labor）、[2]乌而夫诉美国卫生与公

[1] 294 N.J. Super. 207，682 A.2d 1232（1994）.

[2] 545 F.Supp. 1229（1982）.

众服务部案（Wolfe v. Department of Health and Human Services）、[1] 贝瑞诉美国司法部案（Berry v. Department of Justice）、[2] 美国司法部诉“税务分析师”杂志案（U.S. Dept. of Justice v. Tax Analysts）、[3] 康涅狄格人类协会诉信息自由委员会案（Connecticut Human Soc. v. Freedom of Information Co’n）、[4] 吉尔莫诉美国能源部案（Gilmore v. U.S. Dept. of Energy）、[5] 美国盐业协会诉莱维特案（Salt Institute v. Leavitt）、[6] 波奇诉先锋信用恢复公司案（Burch v. Pioneer Credit Recovery，Inc.）[7] 和吕布曼诉美国公民与移民服务局案 [8]（Rubman v. U.S. Citizenship & Immigration Services）等案件中得到充分体现。

在《隐私法》上，法院在对于行政机关认定的过程中，集中在对于某一特殊组织的政府控制上，具体包含广泛的、具体的和日常的联邦政府监管，联邦审计和汇报要求，联邦宪章和是否具备联邦雇员等细化因素。[9] 可以看出，“监管关系”标准仍然是该领域内行政机关认

[1] 711 F.2d 1077（1983）.

[2] 733 F.2d 1343（1984）.

[3] 109 S.Ct. 2841（1989）.

[4] 1990 WL 283966（1990）.

[5] 4 F.Supp.2d 912（1998）.

[6] 440 F.3d 156，159（2006）.

[7] 551 F.3d 122，125（2008）.

[8] 800 F.3d 381（2015）.

[9] See Jay M. Zitter, What is Agency Subject to Privacy Act Provisions（5 U.S.C.A. §552a），150 A.L.R. Fed. 521（1998）.

定时占绝对主流的标准。以美国诉海恩斯案[1]（U.S. v. Haynes）为例，该案争议焦点是一家联邦特许的产品信贷协会是否属于《隐私权法》意义上的行政机关。法院认为，首先，《隐私法》适用《信息自由法》中对于行政机关定义的有关条款。其次，本案中的产品信贷协会是为了满足农民在信贷方面的需求而成立的，本身不是以行政机关的目的而设立的。最后，将产品信贷协会与国有银行进行比较后可以发现，其相对较少地受到政府的控制，因此不属于行政机关。在克雷布斯诉罗格斯案[2]（Krebs v. Rutgers）中，争议焦点是一家公立教育机构是否属于《隐私法》意义上的行政机关。法院经审查认为，联邦政府对于公立教育机构控制的程度没有那么明显以至于将其转化为行政机关。同样的情形出现在丹妮诉匹兹堡大学医学院案[3]（Dennie v. University of Pittsburgh School of Medicine）中，法院认为监管程度的不足导致了该案中的内科医士、医院和医疗学校无法构成《隐私法》意义上的行政机关。鉴于此，《隐私法》上判断行政机关的存无也适用了"监管关系"标准，并从监管程度上对待判断的组织作出了判定。

《阳光下的政府法》上的判断与《信息自由法》和《隐私法》上的判断大体相仿，[4]除了其专门规定"适用于所有由两名或两名以上，经

---

[1] 620 F.Supp. 474（1985）.

[2] 797 F.Supp. 1246, 77 Ed. Law Rep. 238（1992）.

[3] 589 F.Supp. 348（1984）.

[4] See Susan T. Stephenson, Government in the Sunshine Act: Opening Federal Agency Meetings, 26 Am. U. L. Rev. 154（1976—1977）.

参议院批准程序后由总统任命的个人成员组成的合议制机构领导的，或者任何分支机构经授权代表行政机关的机关”，[1] 且法院在判决中经常对合议制领导的组成等问题进行判断以外，[2] 总体上对行政机关的判断仍然是适用了“监管关系”标准，因为除了上述这些立法中的特殊要求，仍然需要将待判断的组织是否承担信息公开义务通过《信息自由法》进行判定。[3]

综上所述，“监管关系”标准的核心要素是实质监管，从监管权的享有、实质监管权和监管权的行使三方面可以予以证成，这构成了福谢姆诉哈里斯案可以在后续同类案件中反复适用的核心标准。同时，单纯的联邦资助本身并不能产生如同实质监管要素那样的效果，其属于“监管关系”标准的排除要素。以上述核心要素为前提，福谢姆诉哈里斯案在《信息自由法》《隐私法》和《阳光下的政府法》的大量案件中得到了不同程度的适用，既包括忠实、完整地适用，也有对其中要素进行内容切分、程度细化的情形，这就需要在下一步的分析中提炼出来，以为“监管关系”标准成为法院判决中不断地以充实的认定标准提供“新鲜血液”。

---

1 5 U.S.C. §552b (a)(1).

2 See e.g., Hunt v. Nuclear Regulatory Com., 445 U.S. 906, 100 S.Ct. 1084 (1980). See also Symons v. Chrysler Corp. Loan Guarantee Bd., 216 App DC 80, 670 F.2d 238 (1981).

3 Pacific Legal Foundation v. Council on Environmental Quality, 205 App DC 131, 636 F.2d 1259 (1980).

第三节 “监管关系”标准的要素丰富

“监管关系”标准产生了广泛、深远的影响，其在大量的后续同类或者类似案件中被法院予以适用，[1] 实际上发挥了类似法规范的作用。从事物发展变化的角度来看，“监管关系”标准并不是一成不变、故步自封的，其在法院的适用中不断反思、超越，最后才得以成为在更长一段时期内占据主流地位和最常被使用的认定标准。具体来看，“监管关

[1] See e.g., Public Citizen Health Research Group v. Department of Health, Ed. and Welfare, 668 F.2d 537 (1981); Irwin Memorial Blood Bank of San Francisco Medical Soc. v. American Nat. Red Cross, 640 F.2d 1051 (1981); Railway Labor Executives' Ass'n v. Consolidated Rail Corp., 580 F.Supp. 777, 120 L.R.R.M. (BNA) 2059 (1984); Lakewood Residents Ass'n, Inc. v. Township of Lakewood, 294 N.J. Super. 207, 682 A.2d 1232 (1994); Gilmore v. U.S. Dept. of Energy, 4 F.Supp. 2d 912, 153 A.L.R. Fed. 759 (1998); Grand Cent. Partnership, Inc. v. Cuomo, 166 F.3d 473 (1999); State of Missouri, ex rel. Garstang v. U.S.Dept. of Interior, 297 F.3d 745 (2002) .

系”标准在后续案件中逐渐包含了实质监管的程度、组织成员的构成、联邦特许以及联邦的审计和汇报要求等要素，[1]这也决定了本节的任务是在诸多的个案中提取、归纳出这些要素，最终在梳理的基础上将这些要素分列到“监管关系”标准之中。

一、监管的实质程度

对于实质监管要素的阐释，法院大致从两个角度展开：第一是直接对监管权行使时的实质程度作出说明，第二是从对所提供的资助进行监管的角度，也即从涉案主体与联邦资金之间的关系对实质程度进行解释。

就第一个角度而言，铁路工会联合会诉联合铁路公司案[2]中的法院在认定联合铁路公司的法律性质时，一方面提出该公司所受到的资助并非联邦资金，另一方面认为即便这些资金属于联邦资助，那么联合铁路公司也因为缺少广泛的、具体的和日常的政府监管，未能起到公司运营“监工”（overseer）的作用，从而不能成为《信息自由法》意

---

[1] See, e.g., National Sec. Archive v. Archivist of United States, 909 F.2d 541 (1990); Ehm v. National R.R. Passenger Corp., 732 F.2d 1250 (1984), Illinois Inst. for Continuing Legal Educ. v. United States Dep't of Labor, 545 F.Supp. 1229 (1982); Nixon v. Sampson, 389 F.Supp. 107 (1975); Wolfe v. Weinberger, 403 F.Supp. 238 (1975); Washington Res. Project, Inc. v. Department of Health, Educ. & Welfare, 504 F.2d 238 (1974); Gates v. Schlesinger, 366 F. Supp. 797 (1973).

[2] 580 F.Supp. 777, 120 L.R.R.M. (BNA) 2059 (1984).

义上的行政机关。可以看出，该案将监管的实质程度形象地比喻为公司的管理层，这体现出法院对于何为监管的实质程度的理解：全权监控私主体的活动。吉尔莫诉美国能源部案[1]中，法院将运营国家实验室的私人公司认定为不属于行政机关，原因即是虽然能源部对该私人公司进行资助时在合同中确立了明确的工作目标，但这本身并不构成实质的监管。可以看出，仅仅工作目标本身也无法达到实质监管的程度。除此以外，监管程度是否可以构成实质的监管，有时候还取决于授权的程度，比如在旧金山医学中心欧文纪念血库诉美国国家红十字会案[2]中，法院审查了国家红十字会人员与总统的紧密程度，并通过总统任命人员与非总统任命人员的比例和利益取向的不同做出了最终的结论。可以看出，此处监管的程度体现为总统通过任命人员所建立的与私主体的关系。如果与总统之间经由人员任命这一关系建立起来十分紧密的监督关系，那么这也被视作是实质的监管。

至于第二个角度，福谢姆诉哈里斯案[3]中已明确提出单纯的联邦资助是"监管关系"标准的排除要素的结论，然而，后续有的判决中在此基础上审查了联邦政府对于其所提供的资助是否进行了实质的监管，还有的判决讨论了涉案主体与联邦资金、联邦财政之间的关系，这可以看做是对监管的实质程度所作的一个重要注脚：从资金、财政的角度对是否存在实质监管进行了论证。

---

1 4 F.Supp. 2d 912 (1998).

2 640 F.2d 1051 (1981).

3 445 U.S. 169 (1980).

在旧金山医学中心欧文纪念血库诉美国国家红十字会案[1]中，法院在对国家红十字会法律性质进行认定时，对其资金来源进行了论述。国家红十字会所获取的联邦资金是由其与联邦政府的合作合同和特定目的下发放的补助金两部分组成的。这些合同有的涉及印第安纳难民救助计划的实施，有的涉及血液研究、开发以及补助工作的开展等，都指向联邦政府行政任务的完成。另外，为了保证组织运营过程中有充足的资金保障和扭转已有的财政赤字困境，国家红十字会还从私人募捐、血液服务所产生的税收等项目中获得资金。因此，法院认为国家红十字会仅仅与联邦政府之间进行合作，而联邦政府所提供的资助类似"费用"，这根本谈不上实质监管，也无法推论得出国家红十字会与联邦政府之间因为资金支持而产生任何其他关系。同时，在铁路工会联合会诉联合铁路公司案[2]中，法院对联合铁路公司的法律性质进行认定时对其与联邦政府之间的财经关系作出了说明，联合铁路公司从联邦政府确实获得了一部分资金，但这部分资金的性质是联合铁路公司的融资行为，其不仅具有时效性，而且后续还有相应的偿还制度和程序。因此，单就这部分资金而言，其并不是联合铁路公司获得的联邦资助，也无法使两者产生实质监管的关系。在密苏里州诉美国内政部案[3]中，法院也认为内政部对于密苏里河资源委员会进行资助本身并不能将其转化为行政机关，再加上两者之间缺少实质的监管关系，密

---

[1] 640 F.2d 1051 (1981) .

[2] 580 F.Supp. 777，120 L.R.R.M. (BNA) 2059 (1984) .

[3] 297 F.3d 745 (2002) .

苏里河资源委员会并不能构成《信息自由法》意义上的行政机关。

可以看出，后续的案件对于监管的实质程度进行了发展，这一方面体现在对于何为实质程度的具象化，另一方面体现在私主体与联邦政府能否通过资助上的监督关系从而符合了实质监管的认定标准上，这两项内容的丰富均对实质监管要素中监管的程度提供了更为明确、形象的标准。当然，这些标准也不是精确的，甚至是不可计算的。在圣米迦勒康复医院诉加利福尼亚州案[1]（St. Michael's Convalescent Hospital v. State of Cal.）中，法院认定私人航空承包商只接受联邦政府一定程度意义上的监管，尚不构成实质监管，因此不属于行政机关。类似的情形还有很多，通过这些判决中经常使用"没有那么明显的监管"[2]、"如此少的监管"[3]、"有限的监管"[4]、"相当多的监管"[5]等不确定性用语来形容监管程度的现实即可窥见一斑。

二、联邦的特许

"监管关系"标准在后续的发展中还出现了对于联邦特许是否存在的关照，这也是实质监管要素的重要内容，关系到待判断组织是否具备来自联邦政府实质监管的认定。需要说明的是，联邦特许本身并不

[1] 643 F.2d 1369（1981）.

[2] See Krebs v. Rutgers, 797 F.Supp. 1246, 77 Ed. Law Rep. 238（1992）.

[3] See U.S. v. Haynes, 620 F.Supp. 474（1985）.

[4] See Lengerich v. Columbia College, 633 F.Supp. 2d 599（2009）.

[5] See Burka v. Department of Health and Human Services, 87 F.3d 508（1996）.

是构成实质监管的充分条件，法院在旧金山医学中心欧文纪念血库诉美国国家红十字会案[1]中明确提示，一方面在“监管关系”标准的适用过程中每一项要素都要被分别、独立审查，另一方面国家红十字会虽然拥有联邦特许，但是法院在考察案中全部要素后还是将其排除出了行政机关的范畴。

在铁路工会联合会诉联合铁路公司案[2]中，针对联合铁路公司法律性质的疑问，法院经审查发现联合铁路公司本身并不存在联邦的特许，也就不能享有一般行政机关制定、执行决定的权力。分析该案，法院把联邦特许既作为享有行政权的形式要件，又当作“监管关系”标准中的一个要素，具有双重的意义。

同时，《隐私法》上认定行政机关的过程中也存在着对于联邦特许的审查，并认为这是认定“监管关系”标准时的一个考量因素。[3]在董诉史密森尼学会案[4]中，法院审查了史密森尼学会的法律性质，并认为其不是行政机关，一个重要的原因在于该学会本身缺少联邦特许。同样的情形也出现在法院对于美国铁路公司[5]、公立教育机构[6]、私人航空

[1] 640 F.2d 1051 (1981) .

[2] 580 F.Supp. 777, 120 L.R.R.M. (BNA) 2059 (1984) .

[3] Jay M. Zitter, What is Agency Subject to Privacy Act Provisions (5 U.S.C.A. § 552a), 150 A.L.R. Fed. 521 (1998) .

[4] 125 F.3d 877 (1997) .

[5] See Ehm v. National R.R. Passenger Corp., 732 F.2d 1250 (1984) . See also U.S. v. Jackson, 381 F.3d 984 (2004) .

[6] See Krebs v. Rutgers, 797 F.Supp. 1246, 77 Ed. Law Rep. 238 (1992) .

航天承包商[1]的判定上。在伦格里希诉哥伦比亚大学案[2]（Lengerich v. Columbia College）中，法院审查了私立高校的法律性质，认为其尽管负有所谓的合同义务，并通过批准或者拒绝对于联邦贷款的申请的方式对联邦贷款项目进行管理，但是私立高校并不是根据联邦特许而建立的。该案中也将联邦特许作为"监管关系"标准适用中的重要因素。

三、联邦的汇报和审计

后续判决在适用"监管关系"标准的过程中，当事人争议最多的一个因素是联邦的汇报和审计要求，因为不少私主体认为待判断的组织事实上存在向联邦政府汇报的情况或者存在接受联邦政府审计的事实，遂认为待判断的组织应当受到了实质的监管从而需要承担《信息自由法》《隐私法》和《阳光下的政府法》上的法律义务。

然而，法院在此问题上通常将联邦的汇报和审计要求作为"监管关系"标准适用时的可选条件，并未在二者之间画上完全的等号。比如，法院认为联邦联合铁路公司虽然接受联邦的审计并向联邦汇报，但这并无法构成广泛的、具体的和日常的政府监管，因为这些举措是考虑到该公司自负盈亏且关系到公共运输，施加审计和汇报的义务是保证联邦资金得到合理、妥善使用的必要之举，与为了确保医学研究基金会妥善使用政府资助而要求其担负的程序要求和控制具有同质性，

---

[1] See St. Michael's Convalescent Hospital v. State of Cal., 643 F.2d 1369 (1981).

[2] 633 F.Supp. 2d 599 (2009).

因此这两项要求并不必然意味着“监管关系”标准的成立，其只是法院审查时的考虑因素，但不是仅仅依据这两项因素就可得出最终的结论。[1]同样的情形也发生在密苏里州诉美国内政部案[2]中，法院在判断密苏里河资源委员会的法律性质时认为，虽然该委员会的协调员根据行政的需要会向美国内政部报告工作，但是这并不构成广泛的、具体的和日常的政府监管。在董诉史密森尼学会案[3]和伦格里希诉哥伦比亚大学案[4]中，法院在对史密森尼学会和私立高校的法律性质进行认定时都涉及对于联邦会计、审计、联邦汇报等内容，并将其作为考量实质监管要素是否存在的内容之一。

四、联邦的雇员

在“监管关系”标准后期的发展过程中，法院对于这一标准的审查往往还加入了对于案涉私人主体雇员的性质方面的审查，也即通过判断私人主体的雇员是否为美国政府的官员或者雇员，从而为“监管关系”标准能否适用提供有力的佐证。

法院在判决中，着重审查了待判断组织的员工是否属于联邦的雇员以及其所占的比例大小。伦格里希诉哥伦比亚大学案[5]中，法院认为待判断的私立高校的董事会和其他员工不是由总统或者其他联邦官员

---

[1] 580 F.Supp. 777，120 L.R.R.M.（BNA）2059（1984）.

[2] 297 F.3d 745（2002）.

[3] 125 F.3d 877（1997）.

[4][5] 633 F.Supp. 2d 599（2009）.

任命的，因此这些员工都不是联邦雇员，这也体现了该私立高校与联邦政府的联系是有限的。可以看出，法院直接将联邦的雇员作为“监管关系”标准中的审查要素。铁路工会联合会诉联合铁路公司案[1]中，法院审查认为联合铁路公司的员工不属于联邦政府的雇员。旧金山医学中心欧文纪念血库诉美国国家红十字会案[2]中，法院认定国家红十字会的绝大多数成员是募集而来的志愿者，其不像联邦政府的雇员那样需要根据资金计划来设立，也不需要缴纳社会保险，因此不属于联邦政府的雇员。董诉史密森尼学会案[3]中，法院经审查认为史密森尼学会的董事会 17 名成员中有 9 名是由国会而不是联邦政府联合决议任命的，在这其中又有 8 名成员本身是国会成员。如果将史密森尼学会认定为行政机关，那么一方面不符合实质监管的要求，另一方面也可能因为董事会中成员的问题违逆“三权分立”的政治架构。在吉尔莫诉美国能源部案[4]中，法院认为与国家能源部签订合同运营国家实验室的私人公司接受能源部的资助，同时通过签订合同的方式能源部也为其运营工作确立了明确的目标，但是该私人公司并未受到能源部的实质监管，该公司员工也不是联邦雇员。总之，对于雇员性质的判断构成法院运用“监管关系”标准时的审查内容，对于认定某一私人主体构成《联邦信息自由法》目的下的“行政机关”具有一定程度上的辅助

[1] 580 F.Supp. 777, 120 L.R.R.M.(BNA) 2059 (1984).

[2] 640 F.2d 1051 (1981).

[3] 125 F.3d 877 (1997).

[4] 4 F.Supp. 2d 912 (1998).

意义，应当纳入通盘考虑的范围之内。

可以看出，“监管关系”标准自确立以降一直在后续的判决中得到发展，其基本要素也得到了体现和丰富。首先，实质监管要素的发展体现在对于实质程度的细化上，这既包括直接对实质程度的解释，也体现在联邦政府在资助关系中所产生的监督水平上。其次，后续判决中还审查了待判断的组织是否具备联邦政府的特许，这实际上是对待判断组织与联邦政府之间的关系所进行的理由说明；联邦的汇报和审计要求也逐渐成为“监管关系”标准中的重要内容，是一种联邦政府监管的具体形式，构成适用“监管关系”标准的必要条件。最后，联邦的雇员要求实际上是从联邦政府对于待判断的组织所具备的内部控制力的角度上进行考虑的。如果待判断组织的领导机关或者员工大量存在着联邦雇员，其薪资、监管和社会保险等事务属于联邦管辖的范畴，那么这可能会促使法院更倾向于将该组织视为一般的行政机关加以对待。不过，这也是“监管关系”标准中的补强因素，而非充分条件，其在具体的法院推理中发挥证成因素的效果，但是并不能仅仅根据唯一因素来判断“监管关系”标准的成立与否以及行政机关的构成与否。[1]

---

[1] Jay M. Zitter, What is Agency Subject to Privacy Act Provisions (5 U.S.C.A. §552a), 150 A.L.R. Fed. 521 (1998).

第四节 “监管关系”标准的行政法意义

相较于“行政职能”标准，“监管关系”标准所对应的法规范对于行政机关的定义更为宽泛，且这一定义同时适用于《隐私法》和《阳光下的政府法》。因此，有必要进一步探索“监管关系”标准对于行政法上权力控制、程序实现和信息公开所产生的效果，以厘清该标准所发挥的现实作用，廓清其在行政法上所具有的重要价值和意义。

一、法律适用的统一：关系的角度

相较于“行政职能”标准，“监管关系”标准对于行政机关的认定并未从作为结果呈现出来的行政权力着手，而是力图考察联邦政府与待判断的组织之间的监管关系是否具备一般政府与其组成部分之间的那种实质监管。因此，“行政职能”标准着眼于待判断的组织本身的做法在“监管关系”标准中转变为从关系的角度考察行政机关的存否，这样做的好处一方面是解决了“行政职能”标准本身无所作为的受资助人是否承担信息公开义务的难题，统一了法律适用；另一方面则是构建了行政机关认定的新标准，在对待判断的组织进行审查时确立了类似“外部”视角的方法，更具有解释力和适用性。

“监管关系”标准统一了法律适用。尽管《信息自由法》扩展了《行政程序法》中所规定的行政机关的定义，但仍存在着诸多不确定之处，特别是对于“其他机构”的解释尚不能统一。[1]“监管关系”标准则对“其他机构”进行了具象化，并对集中在总统行政办公室、根据合同为政府开展工作的私人组织以及政府在一定程度上有所控制的公司上的争议的解决有很大助益。[2]总的来说，“监管关系”标准既可以将那些与政府有实质联系的组织纳入行政机关的范畴，又能将那些单纯接受联邦政府资助或者领导机关中有联邦雇员的组织予以排除，这本身是符合《信息自由法》立法目的的。[3]除此以外，经由“监管关系”标准统一了的《信息自由法》上行政机关的定义也在《隐私法》《阳光下的政府法》上得到了适用，这就使得在整个行政程序法的层面上实现了对于行政机关概念的相对统一的法律适用。

“监管关系”标准确立了二元的认定方案，相较于“行政职能”标准中的一元认定方法具有明显的优势。“监管关系”标准为“行政职能”标准所不能解决的问题提供了解决方案，这一方面与《信息自由

[1] See Marjorie A. Shields, What Constitutes “Agency” for Purposes of Freedom of Information Act (5 U.S.C.A. §552), 165 A.L.R. Fed. 591 (2000) .

[2] [3] See. Ann H. Wion, The Definition of “Agency Records” under the Freedom of Information Act, 31 Stan. L. Rev. 1093 (1978—1979) .

法》的颁行以及立法目的的转化有关系，另一方面也得益于其自身的构成要件。具体来说，"监管关系"标准自确立时就将实质监管的关系作为认定的核心因素，而对那些同样是关系视角的单纯的联邦资助行为作为排除要素明确下来。这样做的优势在于，可以避免单从待判断的组织本身所认定的因素而出现不完整、不准确的风险，增加了相互印证的环节，可以使得法院更好地综合考量监管要素的存在与否，而不会再认定那些表面上具备行政权力或者表面上属于私人主体的组织时出现的不确定的结论或者根本无法得出结论。[1] 因此，"监管关系"标准在后续同类判决中被引用的频率大大高于"行政职能"标准，而且这一标准延续至今仍是判断《信息自由法》上行政机关的重要司法认定标准。

可以看出，"监管关系"标准不仅在《信息自由法》《隐私法》和《阳光下的政府法》的层面上统一了法律适用，还修正了"行政职能"标准面对新情况、新问题时无法作为的困境，从联邦政府与待判断的组织之间的关系角度提出了认定的标准，在其具有明显的行政法意义的同时，也会对州层面法规范中行政机关定义的确定提供参鉴。[2]

---

[1] See Anne Harvey Wright, The Definition of "Agency" Under the Freedom of Information Act As Applied to Federal Consultants and Grantees, 69 Geo. L. J. 1223 (1980—1981) .

[2] See Andrea G. Nadel, What Constitutes an Agency Subject to Application of State Freedom of Information Act, 27 A.L.R.4th 742 (1984) .

二、行政活动的规范与保障

在福谢姆诉哈里斯案[1]中，法院通过“监管关系”标准的适用得出结论认为大学糖尿病研究项目小组不是行政机关，也不是承担信息公开义务的主体，这客观上为行政机关通过资助、外包等方式将公共任务交由私主体承担提供了司法上的保障，也即在联邦政府机关没有对这些私主体实施实质监管时，这一领域仍然是属于市场行为而非行政法行为，从而也避免了对私主体的司法审查。更进一步讲，这一做法确立了行政机关在外包、资助等方式中是否制作、获取政府信息的自由裁量权，也有助于私主体在市场激励的氛围内提高效率和质量，对灵活地完成公共任务有很大助益。

“监管关系”标准为行政机关的外包、资助行为提供了保障，也可以看做是为行政活动方式对灵活性和效率性等价值上的追求提供了正面评价。如果在《信息自由法》和其他法规范未对受资助者作出明确规定的情况下，完全将所有接受联邦政府资助的私主体如同联邦政府那样对待，这会完全挫伤受资助者承担公共任务的积极性，同时还会让政府的资助项目显得“魅力不足”，因为它会让接受资助的人们在行动上举步维艰。[2]不仅如此，如果将受资助者也视为行政机关一样来进

[1] 445 U.S. 169, 100 S. Ct. 977, 63 L. Ed. 2d 293, 5 Media L. Rep. (BNA) 2473 (1980).

[2] See Elizabeth Adelman, Data Wars: How Superseding Forsham v.Harris Impacts the Federal Grant Award Process, 21 J. Nat-l Ass’n Admin. L. Judges 105 (2001).

行司法审查，那么受到受资助者研究、外包影响的不确定第三人，特别是公司和工业商人，也会担心为此而受到重大的经济损失，[1]比如接受联邦政府资助的某私人研究组织的研究成果一旦对公司不利，却被联邦政府或者有关部门作为行政行为的依据或者基础性材料，那么可以预见到的是该部门将会采取对公司不利的措施，比如下架商品、施加处罚或者禁止销售，这既包括福谢姆诉哈里斯案中提到的新药上市，还包括烟草等物品的制造、销售等。[2]同时，法院是否将待判断的组织认定为行政机关并要求将其掌握的经由资助而产生的信息予以公开，也对联邦的资助项目产生着实质的影响，甚至涉及国会在该方面的政策考量问题。[3]因此，"监管关系"标准重在考察联邦政府与待判断的组织之间的实质监管关系，与"行政职能"标准下单独审定待判断的组织是否具备行政权的做法不同，其实际上是通过关系的视角从待判断的组织的内部和外部同步进行认定，既避免了单纯因为待判断的组织的个别特点而将其认定为行政机关，也避免了只看到待判断的组织的个别特点而将其排除出行政机关的范畴，这共同为行政机关灵活地、有效率地通过外包、资助等方式完成公共任务提供了正面评价，也是综合考量联邦政府、待判断的组织以及受影响的不特定外部第三人的

[1] See Paul M. Fischer, Brand Logo Recognition by Children Aged 3 to 6 Years: Mickey Mouse and Old Joe the Camel, 266 JAMA 3145 (1991).

[2] See Paul M. Fischer, Recognition of Cigarette Advertisement Product Logos, 277 JAMA 532 (1997).

[3] See "Agency Records" under the Freedom of Information Act: An Analysis of Forsham v. Califano, 13 Ga. L. Rev. 1040 (1978—1979).

利益而作出整体的判断，对于行政机关的活动及其所产生的社会影响和获得社会评价具有非常积极的意义。

“监管关系”标准为受资助人、外包合同者的自治权进行了保护，这大致划定了国家权力介入社会生活的基本范围，确保了“国家—社会”二元关系的相对稳定。福谢姆诉哈里斯案[1]中，联邦最高法院的判决中已经提到了对于接受联邦资助的大学糖尿病研究项目小组自治权的尊重问题，并以采购合同和捐赠协议的区别来加以说明。究其实质，采购合同以资金为代价享有了所购买物品或者服务的所有权，信息本身也含在其中；而捐赠协议则不同，其只是提供一种资金上的支持而非购买关系，充其量与某项科研活动的赞助商享有同样的法律地位，此时的行为成果所有权指向的仍然是开展活动的主体而非资金的支持方，这是十分明确的，也是一种对于社会组织自我管理、自负盈亏的尊重及其践行。同时，“监管关系”标准对受资助人自治权予以保护的做法也被很多法院所采用，它们大多抛弃了对于行政机关和政府信息的宽泛定义以将私主体及其所掌握的信息排除出信息公开的范围。[2]从“国家—社会”的二元区分结构中审视，可以看出受资助人本身是相对于联邦政府的私主体，其活动方式和规范理应由民事领域的法律和规定来规制，其所产生的信息本身也属于研究的附属产品，可以在市场

[1] 445 U.S. 169, 100 S. Ct. 977, 63 L. Ed. 2d 293, 5 Media L. Rep.(BNA) 2473 (1980).

[2] See Martin J. Silverman, Administrative Law-Freedom of Information Act-Agency Records (Forsham v. Harris Comments), 27 N.Y.L. Sch. L. Rev. 635 (1981—1982).

上自由流通。即便是在受到联邦政府的资金支持之后，在缺少联邦政府将其作为自身组成部门的行动表现——广泛的、具体的日常监管或者作为行政行为的依据——的情况下，其自身属性未发生任何改变，其仍是属于社会组织的一种，而不能成为联邦政府的一部分从而归类为国家构成，否则即混淆了私人组织和行政机关的界限。[1] 由此可以看出，国家对作为社会组成部分的受资助人的自治权存在尊重，正如政府与公立高校之间的关系：公立高校从国家教育主管部门获得资金支持开展教育事业，但是除非是教育主管部门将自身权力授予高校行使，否则高校的一般行为均属于自主的范畴，这既包括教学计划的拟定、教师工作的分配以及学生课业的分配等常规性工作，也涵括对教师和学生进行奖惩等内部管理活动，都明显属于高校办学自主的范畴，国家在该意义上一是缺少干涉的权力，二是没有干涉的必要。因此，"监管关系"标准的适用会对受资助者、外包合同者等相对人在自治权尊重上的保护，这也是公权力与私权利相互区别的一种体现。

"监管关系"标准还对行政机关在外包、资助行为中是否获取信息时所存在的自由裁量权进行了强调，也实际上符合了信息公开中对于政府信息现时性的要求。"行政职能"标准之所以在《信息自由法》颁行后逐渐在适用性上出现式微的状况，是因为其无法解决联邦资助的研究数据是否公开的法律问题，特别是当待判断的组织表

[1] See Anne Harvey Wright, The Definition of "Agency" under the Freedom of Information Act As Applied to Federal Consultants and Grantees, 69 Geo. L. J. 1223 (1980—1981).

面上表现为私主体的时候。[1] 同时，在该种情况下，没有法律上的依据可以将这些研究数据自动推定为政府信息，毕竟此时存在着待判断的组织是否是行政机关、行政机关是否获取研究数据这两方面的疑问。[2] 为了更好地体现“监管关系”标准对于行政机关获取信息自由裁量权的保护，可以从通过资助的三种主要方式——资助协议、合作协议和采购协议——的区分出发进行审视。在资助协议中，行政机关通过支持研究而与受资助者产生资助关系，主要目的是将资金转移给受资助者来实现法律支持或者鼓励的公共目的。此时，在完成研究活动的过程中，行政机关和受资助者之间并没有对于行政机关实质参与的期待。[3] 福谢姆诉哈里斯案[4] 的情形即是如此。合作协议与资助协议唯一的不同在于合作协议存在这样的预期：在完成协议中商定的研究活动过程中，行政机关是与受资助人一道实质参与到活动之中的。[5] 采购协议则在使政府直接获益的前提下对非政府组织开展的研究和开发工作进行资助，并以获取物品或者服务为主要目的。[6] 同时，从来没有相关案件针对合作协议和采购协议中所产生的信息是否属于《信息自由法》所规定的政府信息而应当予以公开产生

---

[1] [2] See Edward C. Walterscheid, Access to Federally Funded Research Data under the Freedom of Information Act, 15 Rutgers Computer & Tech. L.J. 1 (1989).

[3] See 31 U.S.C. §6304 (1982).

[4] 445 U.S. 169, 100 S. Ct. 977, 63 L. Ed. 2d 293, 5 Media L. Rep. (BNA) 2473 (1980).

[5] See 31 U.S.C. §6305 (1982).

[6] See 31 U.S.C. §6303 (1982).

争议。[1]在资助方式的对比中可以发现，行政机关在不同协议中的资助目的不同，是否要获得信息的权力和意愿也不同。"监管关系"标准的适用，要求联邦政府必须实际行使监管权，才有可能将受资助者的信息转化为政府信息，但是联邦政府并没有这么做，这本身显示出联邦政府在该种情况下存在是否获取信息时的自由裁量权。这与合作协议和采购协议中的情形不同：这两种资助方式下，行政机关一般已经获取政府信息或者必须获取政府信息。因此，"监管关系"标准的适用实际上突出了联邦政府在获取信息时的自由裁量权，这也是《信息自由法》对政府信息有现时性要求的具体体现。[2]

综上所述，"监管关系"标准通过其要件设定和具体适用，不仅为联邦政府的资助、外包等行为提供了保障，认可了这些方式对于公共任务实现过程中灵活性和效率性的追求，还有力保障了受资助者、外包合同者等私人公共任务承担者充分的自治权，在"国家—社会"的二元关系中准确定位了私主体的性质。同时，"监管关系"标准对于实际行使权力的要求还为联邦政府提供了是否获取信息时的自由裁量权，这本身也是对《信息自由法》中关于政府信息要求的尊重。

---

[1] See Edward C. Walterscheid, Access to Federally Funded Research Data under the Freedom of Information Act, 15 Rutgers Computer & Tech. L.J. 1 (1989) .

[2] See Marjorie A. Shields, What are "Records" of Agency Which Must Be Made Available under Freedom of Information Act (5 U.S.C.A. §552 (a)(3)), 153 A.L.R. Fed. 571 (1999) .

三、"政府信息"概念的明确

"监管关系"标准对于受资助者是否构成行政机关的判断，直接影响到了政府信息的成立与否，也决定了《信息自由法》的适用与否。这一方面体现在"监管关系"标准作为政府信息成立的要件上，另一方面体现在对于《信息自由法》所规定的信息公开义务能够施加到待判断的组织之上。

"监管关系"标准的适用在一定程度上明确了政府信息的概念，避免了在持有主体的认定上走得过远。在政府信息的判断上，占主流的意见是"所有说"，其认为只有在行政机关和信息之间存在一种财产权法意义上的所有关系时，该信息才构成政府信息。[1]也有观点认为，政府信息的成立必须至少满足以下两个条件：一是行政机关"制作或者获取"了该信息；二是行政机关在收到信息公开申请时必须持有该信息且是在政府官员职责范围内合法获取的。[2]可以看出，行政机关的存否直接决定了政府信息概念的构成与否，否则在行政机关尚缺少的情况下将信息公开的义务强行施加于包括受资助者在内的显然与行政机关迥异的私主体身上，这是有问题的。[3]因此，"监管关系"标准通过实

[1] See "Agency Records" Under the Freedom of Information Act: An Analysis of Forsham v. Califano, 13 Ga. L. Rev. 1040 (1978—1979).

[2] Department of Justice v. Tax Analysts, 492 U.S. 136, 144—145, 109 S.Ct. 2841, 106 L.Ed.2d 112 (1989).

[3] See Michele Healy Ubelaker, Access to Grantee Records Under the Freedom of Information Act: An Analysis of Forsham v. Harris, 34 Sw. L.J. 993 (1980—1981).

质监管权的认定对行政机关的认定形成了判例法，确定了《信息自由法》上本身并不确定的"其他机构"这一表述的同时，也形成了行政机关存在的司法认定标准。只有当行政机关可以较为清晰地予以认定后，才能开展对于政府信息是否存在的进一步判断。正是在这个意义上，"监管关系"标准为行政法上政府信息概念的明确提供了其中一个重要的因素。

"监管关系"标准的适用廓清了《信息自由法》的适用范围。一般来讲，法院在个案中是否适用《信息自由法》而产生争议时，在决定《信息自由法》适用范围的问题上只能发挥有限的甚至是消极的作用。[1]但是，法院还是可以通过对政府信息的司法判断来影响《信息自由法》的适用范围，福谢姆诉哈里斯案[2]即是典型案例之一。也即，对于受资助者所产生的数据是否属于政府信息这一问题，最好要先看一下已有的司法判决对于政府信息的定义。[3]比如，通过限缩政府信息的概念将很多数据排除公开的做法，实质上就是在不予公开的范围中增加了这些数据；同样地，过大地扩宽政府信息的概念会将过多的信息置于公开的义务之下，不管这些信息来自政府还是私人主体，都不免会实质侵犯到那些本应当受到不予公开保护的权利。因此，司法对于"政府

[1] See "Agency Records" under the Freedom of Information Act: An Analysis of Forsham v. Califano, 13 Ga. L. Rev. 1040 (1978—1979).

[2] 445 U.S. 169, 100 S. Ct. 977, 63 L. Ed. 2d 293, 5 Media L. Rep. (BNA) 2473 (1980).

[3] See Edward C. Walterscheid, Access to Federally Funded Research Data under the Freedom of Information Act, 15 Rutgers Computer & Tech. L.J. 1 (1989).

信息”的判断会对《信息自由法》的适用范围起着非常重要的作用，美国国会对此问题作出了平衡，认为应当对“行政机关”和“政府信息”作出控制。[1] 如上所述，“监管关系”标准的适用会对政府信息的成立与否产生决定性作用，那么其对《信息自由法》也会在适用范围上产生或限缩或扩大的影响。“监管关系”标准通过明确行政机关的定义可以更为精准厘定政府信息的范围，从而对《信息自由法》的适用范围产生廓清的作用。

1 Forsham v. Califano, 587 F.2d at 1128.

第五节 “监管关系”标准遭遇的批评

尽管“监管关系”标准发挥了重要的作用，但并不是完美的、无可指摘的，其不仅在法院判决中存有大量的反对意见，就连作为标志性案件的福谢姆诉哈里斯案[1]也记载了布伦南大法官和马歇尔大法官的不同意见，而且遭到了法学研究者的抨击，认为该做法很可能会违背国会立法的最初意图。另外，很多行政机关考虑到“监管关系”标准自身可能存在的漏洞，便对外包、职能下放等行为中的程序进行设计以避免“监管关系”标准将私主体纳入司法审查之中，这本身也可以看做是行政机关对于“监管关系”标准的一种无形的抵抗。

一、来自法院的反对意见

法院的反对意见一方面表现为福谢姆诉哈里斯案[2]中的少数反对意

---

[1][2] 445 U.S. 169, 100 S. Ct. 977, 63 L. Ed. 2d 293, 5 Media L. Rep. (BNA) 2473 (1980).

见，另一方面则表现为后续的判决中对于“监管关系”标准不予赞成或者反对的法院的态度。

在福谢姆诉哈里斯案[1]判决文书的最后，记载了布伦南大法官和马歇尔大法官对于“监管关系”标准所造成后果的批评。他们认为，如果不是按照“监管关系”标准而是其他合适的标准进行审查，本案中大学糖尿病研究项目小组的原始数据本应当根据《信息自由法》进行公开，因此以伦奎斯特大法官为代表的多数意见存在与《信息自由法》的立法目的和立法史相冲突之处。

首先，两位大法官认为要判断原始数据是否公开的问题，可以不从行政机关认定的角度切入，因为其对最终的结果可能起不到关键的作用，理由是:《信息自由法》的立法目的是强调扩大、增强美国公众对于联邦政府的行政过程进行监督的权利和能力。反过来讲，《信息自由法》的出台背景是国会考虑到一旦该事务交由行政机关处理，那么必定会出现秘密行政的结果，而《信息自由法》则起到为公民监督联邦政府提供信息的作用，其对美国民主的实现和行政机关的自我规制而言非常必要。因此，如果不从行政机关的角度展开认定，而是从信息与行政机关之间的关联度展开，更有利于实现立法目的，从而保护公民的信息知情权。可以发现，两位大法官认为一旦被申请公开的信息与行政机关之间具有相当密切的联系，不论其是行政机关制作、

---

[1] 445 U.S. 169, 100 S. Ct. 977, 63 L. Ed. 2d 293, 5 Media L. Rep.(BNA)2473(1980).

获取还是行政机关交由其资助的私主体来制作、完成的，都需要根据《信息自由法》的规定进行公开。因此，两位大法官从根本上否定了行政机关认定的进路，也否定了"监管关系"标准在该进路中所发挥的作用——应当根据"政府信息"的构成将大学糖尿病研究项目小组的原始数据予以公开。

其次，两位大法官认为即使需要从行政机关认定的路径切入，那么采用"监管关系"标准的做法也与《信息自由法》立法时的初衷相矛盾。国会在立法时，仅仅将行政机关进行了原则式的规定，而从未将其限定在"监管关系"标准的内容之下。与之相反的现实是，国会认为当信息对公众理解行政机关作出的决定或者运行有重要作用时，对于行政机关和信息都应当采取新的认定标准。随着联邦行政事务在数量、繁杂性上的迅猛增加，行政机关不可避免地会将目光转移到外部私人组织上来合作完成公共任务。本判决的多数意见将必定会对《信息自由法》背后存在的将政府向公众开放的立法原意造成伤害。也就是说，随着不对选民直接负责，且在《信息自由法》出台之前有致力于打造"秘密政府"行为"前科"的行政机关的膨胀，可以预见到行政机关为了摆脱选民的监督一定会寻求大量的非政府的资助者来经常完成政府项目，这就可能会造成程序要求被虚置以及司法审查缺失的危险，这样"秘密政府"将会在当代重现。因此，"监管关系"标准在多数意见中得到支持这一现象对于政府信息的公开所起到的线索效果严重危及了《信息自由法》立法目的的实现，应当摒弃这一认定标准。

可以看出，福谢姆诉哈里斯案中的否定意见从“监管关系”标准所处的路径错误以及“监管关系”标准自身的严重后果两方面提出了对于“监管关系”标准的明确反对，其认为应当对案中大学糖尿病研究项目小组的原始数据进行公开，以防政府机关通过合同外包、职能下放等方式免于行政程序的要求和司法审查的介入，最终导致行政权缺少自我约束，同时也欠缺外部选民的监督，造成权力的肆意。

同时，后续的判决中也出现了对于“监管关系”标准的反对事例。有法官认为行政机关的认定“在每个案件中都必须在其文义内重新认定”，不存在唯一、僵硬的标准或者经过实践积累起来的标准，而应当根据一系列因素（“galaxy of factors”）来综合加以认定。[1] 可以看出，这样的观点本身实际上否定了包含“监管关系”标准在内的所有认定标准，并认为只能在要件和因素的层面上进行逐案甄别、判断。另外，还有判决明确指出了适用“监管关系”标准所产生的问题。在艾弗森诉金波尔城案[2]（Evertson v. City of Kimball）中，争议焦点是城市、市长及市政官员是否承担信息公开义务，被告在答辩中引用了福谢姆诉哈里斯案[3]，认为该案中虽然健康、教育和福利部有权获取大学糖尿病研究项目小组的原始数据，但其没有实际行使这一权力，因此城市、市

---

[1] See Public Citizen Health Research Group v. Department of Health, Education and Welfare, 668 F.2d 537 (1981).

[2] 767 N.W.2d 751 (2009).

[3] 445 U.S. 169, 100 S. Ct. 977, 63 L. Ed. 2d 293, 5 Media L. Rep. (BNA) 2473 (1980).

长和市政官员也未获取涉案信息，因此也不承担信息公开义务。法院对该问题进行了审查，并认为福谢姆诉哈里斯案忽略了在该种情况下的信息公开义务：当政府通过合同授予私主体一定的政府职能并决定不予获取该私主体在行为中所产生的相关信息，这构成了对于福谢姆诉哈里斯案所造成的后果的批评。具体分析来看，假设"监管关系"标准中只要求实质监管权的具备，而非实际行使，那么福谢姆诉哈里斯案中的健康、教育和福利部与大学糖尿病研究项目小组之间实际上就符合了实质监管的要求，从而该项目小组要负担信息公开的义务，这也是艾弗森诉金波尔城案[1]中法院暗含的要求。进一步讲，这样做的好处还在于避免了"监管关系"标准下本来具有实质监管权的联邦政府为了逃避对其所授予的行政权力的宪法义务、程序要求和司法审查而故意怠于实际行使监管权的行为，也即只要具备了实质监管权这一内容，是否行使与是否构成"监管关系"标准之间不再存在必然关系，这样可以使得联邦政府在进行资助、外包、授权等行为时更好地履行监管的义务，毕竟与之产生关联的私主体不再与其行使与否直接挂钩，这反而会促使联邦政府主动作为以保证私主体行为的合法性。除此以外，还有一些案件明确表示排除"监管关系"标准的适用，比如美国小企业联盟诉美国小企业管理局案[2]（American Small Business League v. U.S. Small Business Admin.）和芝加哥论坛报公司诉美国卫生和公众服

[1] 767 N.W.2d 751（2009）.

[2] 2008 WL 3977780（2008）.

务部案[1]（Chicago Tribune Co. v. U.S. Dept. of Health and Human Services）等，这既可能是事实要件发生变化的原因，也有可能是法院故意为之，准确的原因还有待进一步进行分析。

二、来自学者的声讨声音

自“监管关系”标准确立的那一刻开始，围绕该标准所产生的理论质疑就未停止过，甚至有学者明确提出反对意见，认为“监管关系”标准的广泛适用会产生重大的法治风险。整体来看，学者的声讨主要体现在该标准可能滋生联邦政府在某些情况下怠于行使监管职权的恶果、违逆《信息自由法》的立法目的和限缩《信息自由法》的行为能力上。

有的学者直接声援福谢姆诉哈里斯案[2]中的反对意见，认为该案所提到的在联邦政府享有实质监管权而未实际行使的情况下所存在的信息不公开违反立法本意的隐忧确实存在，这是“监管关系”标准所造成的严重不良后果的重要体现，这明显属于一种对于“监管关系”标准的批评。[3]

有的学者则从立法目的角度提出了质疑，根据“最大程度的公开”政府信息这一明确的立法目的，虽然《信息自由法》在联邦政府和私主体之间设置了某种界限，且在一定程度上效果不错，但是仍然存在

---

1 1997 WL 1137641（1997）.

2 445 U.S. 169, 100 S. Ct. 977, 63 L. Ed. 2d 293, 5 Media L. Rep.（BNA）2473（1980）.

3 See Michele B. Galen, Administrative Law, 1981 Ann. Surv. Am. L. 747（1981）.

一些处于二者之间模糊地带的情形，正如福谢姆诉哈里斯案[1]中那样接受联邦政府资助的科学家掌握着的那些政府拿来作为决策依据的信息却不公开的情况，这些都会不免让人产生不信任和忧虑。[2]可以看出，该学者从"监管关系"标准所产生的后果与《信息自由法》的立法目的存在张力为思考方向，认为"监管关系"标准的适用直接或者间接导致了立法目的的落空或者不能完全实现。从法律条文和法规范的角度来看，其意味着在目的解释、体系解释的范围内无法自圆其说，这都是"监管关系"标准所造成的。

同时，该学者从《信息自由法》立法时的角度对此进行解读。国会在立法时，考虑的主要内容是让作为选民的公众有权获取政府信息，这是非常必要的。只有公民有足够的能力来获取政府信息，才有可能了解并监督政府的组织情况、职能情况以及作出决策的情况，也才有可能在个人或者团体利益受到政府决定影响时有效地作出回应。相应地，国会也在立法时表达出严厉禁止联邦政府通过滥用其所拥有的自由裁量权来不当持有这些信息，从而掩饰错误和违规行为。[3]因此，在

---

[1] 445 U.S. 169, 100 S. Ct. 977, 63 L. Ed. 2d 293, 5 Media L. Rep. (BNA) 2473 (1980).

[2] See. Ann H. Wion, The Definition of "Agency Records" under the Freedom of Information Act, 31 Stan. L. Rev. 1093 (1978—1979).

[3] See Subcomm. on Government Information and Individual Rights Of The House Comm. on Government Operations & Subcomm. on Administrative Practice and Procedure of the Senate Comm. On the Judiciary, 94th Cong., 1st Sess., Freedom Of Information Act and Amendments of 1974 Source Book: Legislative History, Texts, and Other Documents, at 26, 38, 40.

考虑是否将待判断的组织认定为行政机关从而使其承担信息公开的法定义务时，应当按照“最大程度的公开”的原则来加以认定。[1]相较而言，“监管关系”标准则限缩了承担信息公开义务的组织范围，这与立法时的国会意愿存在不相匹配的地方。

还有的学者认为虽然国会在立法时为何为“行政机关”留下了解释空间，但在其出台修正案明确规定将受资助者排除出行政机关范畴之前，法院很难对行政机关的建构进行作为并保证“最大程度的公开”。在这种情况下，福谢姆诉哈里斯案[2]中的法院在国会保持缄默的问题上所进行的判断（也即“监管关系”标准）无疑是限制了《信息自由法》在使得公众获知政府运作上的作为能力。[3]这是从功能实现的角度对“监管关系”标准进行了质疑。

综上所述，学界对“监管关系”标准批评的核心缘由是其对《信息自由法》的立法目的和功能的限制，这一方面会造成立法目的不能完全达成，另一方面还会引起大量承担公共任务、接受政府资助的私主体逃逸司法审查，实际上是部分行政权脱离了司法的控制。

三、来自联邦部门的抵抗：替代性方案的确立

“监管关系”标准要求联邦政府与待判断的组织存在着实质监管

---

[1] See. Ann H. Wion, The Definition of “Agency Records” under the Freedom of Information Act, 31 Stan. L. Rev. 1093 (1978—1979).

[2] 445 U.S. 169, 100 S. Ct. 977, 63 L. Ed. 2d 293, 5 Media L. Rep. (BNA) 2473 (1980).

[3] See Martin J. Silverman, Administrative Law-Freedom of Information Act-Agency Records (Forsham v. Harris Comments), 27 N.Y.L. Sch. L. Rev. 635 (1981—1982).

的关系，这无疑对下放权力、组织外包以及提供资助的联邦政府产生了压力，特别是会有可能扩大其信息公开的范围。因此，很多行政机关以制定规定的方式来豁免自身的公开义务。另外，以谢尔比（Sen. Richard Shelby）为首的一群共和党参议员还通过推动修正案出台的方式对"监管关系"标准所带来的后果进行改变，这无疑是来自联邦部门对"监管关系"标准的抵抗。

证券交易委员会和联邦贸易委员会无疑对"监管关系"标准所产生的后果有着清醒认识。就在福谢姆诉哈里斯案[1]判决七天后，证券交易委员会和联邦贸易委员会即提议并随后制定了相关的程度规定，以保护其从第三方获得的机密信息不受信息公开的申请。[2]同时，证券交易委员会的规定还要求其所有代理人检查潜在的信息提供人的文件而非实际掌握这些文件。如果要掌握这些文件，那也需要在非常严格的条件下，即检查完毕这些文件后马上将其归还给文件提供人，证券交易委员会还将其进行了制度化。[3]可以看出，证券交易委员会面对"监管关系"标准适用可能会施加到其身上的信息公开义务，采取了保密排除、不予掌握信息等方法，最终使得监管标志适用后产生承担信息公开义务的机制未能正常发挥作用。同时，联邦贸易委员会则直接立法将在调查中获得的数据排除出信息公开的范围，不论这些数据是不

---

[1] 445 U.S. 169, 100 S. Ct. 977, 63 L. Ed. 2d 293, 5 Media L. Rep.（BNA）2473（1980）.

[2][3] 45 Fed. Reg. 62, 421（1980）.

是信息提供人自愿提供的。[1]这一做法实际上完全将“监管关系”标准束之高阁：如果按照这一规定，在福谢姆诉哈里斯案[2]中就无需再判断大学糖尿病研究项目小组是否属于行政机关，因为不管其是否构成行政机关，凡是从外部获得的信息都不属于信息公开的范围。

与此相反，国会议员群体力推的修正案则规定不论待判断的组织是否构成行政机关，凡是接受联邦资助而产生的信息都属于政府信息从而应当根据《信息自由法》予以公开。最初，信息自由法公众团体建议通过立法来推翻福谢姆诉哈里斯案[3]，但国会却对此无动于衷。[4]后来，在一次关于克林顿时期颁布的某些规定是否足够明智的讨论中，以谢尔比为首的一群共和国参议员通过了一项不属于《信息自由法》本身的研究数据条款。在这条只有一句话的修正案中规定，联邦资助而产生的所有数据都适用于《信息自由法》的规定，且该条只适用于受资助者，不包括合同外包者。同时，在联邦预算和管理办公室的指导意见中进一步明确了上述结论的第二个条件：该数据必须用于做出一项监管活动。整合来看，该修正案规定了当联邦资助而产生的数据用于作出一项监管活动时，其应当适用《信息自由法》的规定。无

[1] Federal Trade Commission Improvements Act, 15 U.S.C. § 57b-2 (f)(Supp. IV 1980).

[2][3] 445 U.S. 169, 100 S. Ct. 977, 63 L. Ed. 2d 293, 5 Media L. Rep. (BNA) 2473 (1980).

[4] See Greg Bass and Harry Hammitt, Freedom of Information Act Access to Documents of Private Contractors Doing the Public's Business, 35 Clearinghouse Rev. 607 (2001—2002).

疑，该修正案的出台实质上起到了对于"监管关系"标准的替代性作用，使得接受联邦研究资助或者部分资助而产生的所有数据都应当根据《信息自由法》的规定予以公开。[1]

上述两方面来自联邦的抵抗行动，实质上建立了针对"监管关系"标准的替代性方案——绝对不公开和绝对公开，而抛弃了"监管关系"标准作为最终判断承担信息公开义务主体的做法。具体说来，联邦部门的相关规定和修正案从不管是否构成行政机关均属于政府信息从而应当公开，以及不管是否构成行政机关均不属于政府信息从而不应当公开两个角度作出了规定，均忽略了"监管关系"标准所发挥的作用，而另辟他径作出了界定，理应归纳为联邦部门对于"监管关系"标准的一种抵抗。

[1] See Elizabeth Adelman, Data Wars: How Superseding Forsham v.Harris Impacts the Federal Grant Award Process, 21 J. Nat'l Ass'n Admin. L. Judges 105 (2001).

第六节　小结

“监管关系”标准的出现一方面与《信息自由法》的出台、修改有密切关系，另一方面也与大量受联邦政府资助的私主体持有政府决策所依据、参考的信息这一现象受到公众质疑有关。其是在原有的“行政职能”标准已经不能解决现实问题的背景下产生的，并且经历了判例法上的形成过程，从《联邦侵权赔偿法》上最初的尝试到行政法上不谋而合的法院判决，直至最后在福谢姆诉哈里斯案[1]中确立下来。

在福谢姆诉哈里斯案[2]中，“监管关系”标准的核心要素是联邦政府对于待判断的主体行使了实质的监管权，并排除了单纯联邦资助在证成行政机关成立中的作用。“监管关系”标准在后续的判决中得到了大量、反复的适用，既有《信息自由法》上同类案件或者类似案件中

---

1 2 445 U.S. 169, 100 S. Ct. 977, 63 L. Ed. 2d 293, 5 Media L. Rep. (BNA) 2473 (1980).

法院对其进行的忠实适用，也有法院在其基础上进行的细化和丰富，更有《隐私法》《阳光下的政府法》中相关争议解决时的引用，甚至形成了法院常用的、学界认可的相对稳定的司法认定标准。随着判决数量的增多和法官适用时的智慧积累，"监管关系"标准具备了越来越多的细化因素，除了对监管的实质程度开展了积极的探索以外，还将联邦的特许、联邦的审计、汇报和联邦的雇员等要素纳入认定的标准之中。这体现出司法认定标准在一定时期内的存在，必然依赖于其自身的变化和发展。只有这样，该标准才能不断在判决中加以适用，不断涵盖新的要件事实和新情况，最终为争议的解决产生正面作用。

"监管关系"标准本身具有明显的进步意义。首先，相较于"行政职能"标准，其不再单纯关注待判断的组织本身是否具备了行政权力，而是将认定的视角扩展到与之具有关联性的联邦政府身上。这样做的优势在于，既考察了待判断的组织本身是否具备一般行政机关的特点，也厘清了待判断的组织是否经由联邦政府的实质监管成为了该联邦政府功能意义上的下属部门，更为全面、准确。其次，"监管关系"标准的出现在客观上对受资助人起到了规范的作用，特别是对其所产生的信息是否应当根据《信息自由法》进行公开的问题，有了较为明确的答案。同时，对于受资助人的规范也反向影响着联邦政府的资助行为和监管行为，因为一旦公众获取了受资助人的信息，那么紧接着就会对联邦政府作出的行政决策具备相应的质疑和监督能力，这本身就对联邦政府提出了新的挑战，而不再是肆意地通过外包、资助等方法逃避司法审查对其行政行为的介入。再次，"监管关系"标准对行政机关概念的廓清作用，也最终影响了政府信息这一概念的认定。除了对于信息本人的判断以外，行政机关的判断是起点和基础，因为除了《信息自由法》规制的主体是行政机关以外，后续仍要判断行政机关与信息之间的掌握或者控制关系，这都离不开对于行政机关的最初判断。

当然，“监管关系”标准也遭遇了来自法院和法官、学界以及联邦部门的批评与抵抗。法院和法官从“监管关系”标准可能会受到行政机关是否实际行使监管权的影响的角度认为一旦行政机关为摆脱对其机构运行的监督，将会怠于行使监管权从而将受资助人排除出行政机关的范畴，最终使得公众无法掌握这些信息也无力提出相应的质疑，这明显是糟糕的。同时，该做法也不可避免地限缩了信息公开的范围，与《信息公开法》的立法宗旨和立法史显然不相符合。学界的研究与之相类似，认为“监管关系”标准的适用会缩小信息公开的范围，这很可能是滋生“秘密政府”的“温床”，也不合乎国会立法时“最大程度的公开”的基本要求。联邦部门则出于自身工作的需求和信息公开的最大化等诉求提出了相应的替代性方案以抵抗“监管关系”标准的适用。证券交易委员会和联邦贸易委员会分别制定了相关规定，要么通过保密免予公开和尽量不予掌握受资助人信息的做法尽量缩小信息公开的范围，要么通过立法的方式明确排除出第三方信息适用《信息自由法》的可能，这都是行政机关针对“监管关系”标准的适用而采取的应对措施。共和党参议员则通过立法修正案的方式强行将受资助人所产生的信息纳入信息公开的范围，实际上也起到了“推翻”福谢姆诉哈里斯案[1]的作用。总的来看，"监管关系"标准既遭遇到了对其适用所引起的限缩信息公开范围的批评，又招致了相关部门提供的替代性方案将其束之高阁的挑战。

最后要强调的是，虽然福谢姆诉哈里斯案[2]已经形成了判断同类案件的判例法，属于很长一段时期内相对稳定的认定标准，但是法院在适用"监管关系"标准时，并不是故步自封、完全忠实地进行适用，而是不断融入新的智慧和考虑，反映在判决中即是原有要素的细化以及新要素的丰富，这也是法官发挥自身能动性的重要体现。这意味着，随着时代进步和社会发展，特别是最新科技成果对整个社会及其成员的广泛、深刻影响，任何事物都需要应现实变化而不断发展、进步，包括"监管关系"标准在内的司法认定标准也不可避免地要在后续的法解释中得以充实、发扬，毕竟不同的解释方法、迥异的解释立场和多样的解释思路，都会对立法、司法产生重要的影响，这一点是不容忽视的。笔者后续对于"监管关系"标准的再提炼和再定义，都是建立在发展思维的基础上的，认为不存在一个亘古不变、永远正确的司法认定标准。

[1] [2] 445 U.S. 169, 100 S. Ct. 977, 63 L. Ed. 2d 293, 5 Media L. Rep. (BNA) 2473 (1980).

第五章　行政机关认定标准的结构变迁

通过上述第三章、第四章对于美国联邦法院司法判决的整理，笔者归纳出“行政职能”标准和“监管关系”两大司法认定标准，但这还是作为结果的样态呈现出来的内容，下一步的研究仍然需要挖掘两大认定标准背后的变迁规则，在较为抽象的意义上归纳认定标准形成的制度机理。既然是规则，那么应当首先在美国“三权分立”的架构中确定影响标准变化的整体背景，并进一步挖掘认定标准变迁背后所隐藏的具体的、深层的因素，以此为基础，在国家政治架构和法律运作的整体视角中可以看出，“国家—社会”关系的二元区分、公法—私法的界限以及行政法范围等结构上的变迁，根植于行政机关认定标准的变迁过程之中。[1]

[1] See Duncan Kennedy, The Stages of the Decline of the Public/Private Distinction, 130 U. Pa. L. Rev. 1349 (1982).

第一节　认定标准变迁的基础：权力分立结构中的考察

在行政机关的认定标准及其变迁的背后，存在着复杂、多元的影响因素，其中大部分因素属于社会正常演进中的普遍规律和实际情况，而小部分因素则由特殊国情、特殊社会需求背景下的偶然性构成。以例示之，罗斯福总统时期首先要解决的是经济振兴、社会恢复的问题，复兴、救济和改革成为当时“新政”的三大主题。鉴于此，用于承担公共任务的行政机关即如雨后春笋般生发出来，[1]此时行政机关的司法认定则趋向宽松的状态，以统一纳入国家规制的途径来整体发力，增强国家能力的同时，也丰富了政府可以调配的资源。同样的情形还有很多，自20世纪80年代开始的美、苏两国军备竞赛，很大程度上带动了军事行政机关的发展，这也会直接影响行政机关的认定。因此，影

[1] See Kenneth C. Davis, Administrative Law and Government, West Publishing Co., 1960, p.27.

响行政机关认定的原因，既存在相对稳定的因素，也有偶然发生的因素，这实际上要求必须确立公认的、客观的研究框架加以考察，一方面可以保证影响因素的典型性和代表性，另一方面也尽量体现影响因素的全面性和完整性。

笔者接下来准备运用“权力分立”理论，在立法、行政与司法的框架中讨论影响行政机关认定的社会背景。这样做的直接好处在于，分析框架相对稳定、可控，能够较为明确地梳理出问题的主因与次因，避免各类因素的混杂与颠倒。同时，该框架本身代表了法规范的产生、运作与监督，反过来又可以体现出行政机关的认定在法治化路径中的定位与摆动，能够为法规范的改善提供解释、修改等方面的意见，因此可以看作是法规范与法律事务之间的一次往返互动，具有明显的双重意义。

由此管窥，立法上的影响因素主要体现为法规范的演进，这既包含法规范内容的变动及其对行政机关范围的实质扩宽，又包括法规范背后的立法目的由控制权力向信息公开的转变客观上要求行政机关在范畴上进行扩张。在司法的因素中，个案化的标志性判决固然为认定标准的形成奠定了坚实基础，但逐案累积而成的判例法中所包含的面向后案的普适性规则更能在很长一段时间内影响行政机关概念的宽狭。行政的因素可以从行政任务的属性入手，在传统公共供给方面已经捉襟见肘之时，福利行政等新兴需求对行政机关的服务能力提出了严峻挑战。与此同时，行政任务的专业性增强，也引起了事务分工的必要性增加，客观上为到底是运用宽泛的方法抑或是收窄的方法来认定行政机关提出了难题。

一、立法内容的变迁

如第二章所述,《行政程序法》向《信息自由法》的演进,直接带动了行政机关定义条款内容的拓展,并在信息公开类案件中确立了新的审判依据。与之相伴随的是,信息公开中“以公开为原则、以不公开为例外”的立法目的,实质上影响了行政机关认定的标准。[1]

在《行政程序法》中,行政机关与联邦政府机构被作为同一指向加以对待,这实质上是采用模糊化的方法作出的界定,[2]将那些凡是有权力的机关都纳入进来了。[3]也正是因为如此,在认定方法上,彼时运用的是“具体问题具体分析”这一大而化之的思路,并排除了以机构名称加以认定的形式化做法。[4]此时,法院的认定也往往通过权力(与职权、职能等大致同义)的途径来得出最终的结论,这在苏西诉大卫案[5]及其后续的发展中都能窥见一斑。与之不同的是,1974年修正后

---

[1] See Richard J. Pierce, Administrative Law Treatise (Fourth Edition), Aspen Law & Business, 2002, p.3.

[2] See Robert Robin, Federal Regulation in Historical Perspective, 38 Stan. L.Rev.1189 (1986).

[3] See Report of the Committee on the Judiciary House of Representatives On S.7, 79th Congress, 2d Session, Report 1980, 253 (1946).

[4] See Administrative Procedure: A Handbook of Law and before Federal Agencies (2d ed), 1946, p.113.

[5] 448 F.2d 1067 (1971).

的《信息自由法》采用列举的方法将任何行政部门、军事部门、政府公司、政府控制的公司和属于政府行政分支（包括总统行政办公室）的其他机构以及任何独立规制机关等统统纳入到行政机关的范畴之中，这至少在形式上实现了行政机关定义的拓展。[1] 然而，这一无所不包的定义不仅有例外，[2] 而且在实务理解时也不会像形式上那样显得广袤无垠，福谢姆诉哈里斯案[3] 中所提出的“控制关系”标准即能说明这一问题。可以看出，法规范内容的转变对于行政机关认定具有决定性的影响，其直接促成了“行政职能”标准向“监管关系”标准的变迁，并对行政机关认定的结果产生着实质性的影响。

从发生学的角度来看，法规范的影响只是结论，法规范产生过程的影响同样值得考察。当然，从立法对象的确定、立法时机的判断等直至立法案的表决通过、颁行、实施，都可能会产生这样那样的影响。不过，从法规范的全过程来看，立法目的始终位于“灵魂”的核心地位。立法目的在立法的所有阶段中都应该得到体现、彰显，而不能有所违背与冲突。更进一步讲，即便是法规范已经处于实施的阶段，立法目的仍然能够形塑司法、行政，以及学者、社会各界对其的解释、理解和适用行为，这也是对其进行考察的必要性、重要性所在。谈及

[1] See Freedom of Information Act Source Book: Legislative Materials, Cases, Articles, S. Doc. 93—82, 93d Cong., 2d Sess.

[2] 5 U.S.C. § 551 (e), (f).

[3] 445 U.S. 169, 100 S. Ct. 977, 63 L. Ed. 2d 293, 5 Media L. Rep. (BNA) 2473 (1980).

《行政程序法》，控权的目的可谓不彰自显，更为具体的表述便是为行使行政权力的行政机关提供一套公开、公正、透明的行政程序，以确保行政权的合法、正当行使和免于受到恣意、武断等情况的侵蚀。[1]在这一立法目的下，法院在适用该规范时，自然也将矛头指向权力及其运用。反过来看，行政机关作为规制对象，自然也与行政权无法脱离关系，这也就影响到了行政机关的司法认定。紧接着，《信息公开法》的出现既是对《行政程序法》中公开程序的完善与补足，[2]又是对知情权实现方式的关照与强调。[3]因此，为了实现最大程度的公开，与政府之间具有密切联系的包括私主体在内的组织性质问题就成为法规范必须要解决的难题。如果不分青红皂白地一概纳入司法审查的范围，则在遭遇司法资源不足困境的同时，还会克减私主体承担公共任务的市场化效率。如果完全将这些组织排除出司法审查的范围，则一方面会让未加限制的行政权出现失控的危险，公众无法获知相关的政府信息，另一方面还必然会限制受影响的权益人提起法律救济的能力，并最终导致行政权力对于外部私权的损害直至破坏。因此，福谢姆诉哈里斯案[4]中法院运用的是实质监管关系标准，否定了接触式的关系、资助类

---

[1] See Administrative Procedure: A Handbook of Law and before Federal Agencies (2d ed), 1946, p.111.

[2] William H. Allen, The Durability of the Administrative Procedure Act, 72 Va. L. Rev. 235, (1986).

[3] See Theodore Sky, Agency Implementation of the Freedom of Information Act, 20 Admin. L. Rev. 445 (1967—1968).

[4] 445 U.S. 169, 100 S. Ct. 977, 63 L. Ed. 2d 293, 5 Media L. Rep. (BNA) 2473 (1980).

的关系等程度上不达标的情况，这实质上是因立法目的的“发力”使得行政机关的认定及其标准产生了波动。因此，控权向公开的立法目的转化，属于影响行政机关认定的深层次因素，其表现之一是在法规范适用中影响法律解释的技术与导向，也会影响最终的判断。

二、新的标志性司法判决的出现与积累

在行政机关认定的影响因素中，司法因素是较为直接和显性的。标志性判决的出现，往往会为行政机关的认定提供具有时代意义的方案，这从苏西诉大卫案[1]和福谢姆诉哈里斯案[2]在该问题上的重要研究价值[3]即能得到启发。可以这么说，标志性案件的出现会为行政机关的认定提供一个重要的契机，一则是成为司法审查的重要领域，二则会成为法学共同体议事日程上的重要内容。此时，标志性案件也就成为影响行政机关认定的“导火索”，为问题的研讨提出了一个足够引起关注的话题。此外，话题引出之后，还有赖于后续同类判决的出现，这可以进一步强调标志性案件的意义并将话题确立为一个行政法上值得追踪和持续研究的问题，因而也是影响行政机关认定的重要因素之一。

---

[1] 448 F.2d 1067 (1971).

[2] 445 U.S. 169, 100 S. Ct. 977, 63 L. Ed. 2d 293, 5 Media L. Rep. (BNA) 2473 (1980).

[3] See Craig D. Feiser, Privatization and the Freedom of Information Act: An Analysis of Public Access to Private Entities Under Federal Law, 52 Fed. Comm. L.J. 21 (1999—2000).

个案判决使得行政机关的认定出现标志性的方案，并引起社会各界的足够重视。行政机关认定的问题，最初是与学者的推介离不开的，毕竟其关涉概念的解释、法规范适用范畴的界定等学者擅长研究的问题。[1]然而，行政机关认定问题的"走红"，却是标志性案件推动的直接结果，[2]因为案件中出现了真实的现实争议，而学者只需要将该争议进行提炼、升格，就可以与行政法的原理产生千丝万缕的关联，甚至是作为行政法研究基础的核心问题。因此，作为司法常态的个案，对于行政机关的认定产生了重要影响，其在审判层级的构造中会直接影响着后续同类案件的判断。

个案判决的积累可以形成判例法，而判例法中则包含了面向后续同类或者类似案件的普适性规则，这就为一段时间内的司法审查提供了一套稳定、包容的认定标准。个案的不断积累方能形成较为完整、可适用的认定标准，判例法的形成也即是存在于这个过程之中。在判例法的前提下，除非运用要件事实区别技术排除判例的适用或者有充分的理由说明，否则既有判例中的法院判断就会成为具有实质约束力的有效规则。体现在行政机关的认定中，标志性案件中的判断不断在后续同类或者类似案件中得以反复使用，这会使得原有的裁判规则产生类似于法规范那样的效果：具有普适性、抽象性且可以反复得以适

[1] See Kenneth Culp. Davis, Administrative Law of the Seventies, 44 University of Chicago Law Review 260 (1976) .

[2] See Ann H Wion, The Definition of "Agency Records" under the Freedom of Information Act, 31 Stan. L. Rev. 1093 (1978—1979) .

用。这样的不断积累，让最初的个案判断逐渐成为裁判规则，个案的意义逐渐在同类案件中变得模糊，而被群案的共同判断所替代。“行政职能”标准和“监管关系”标准都经历了类似的逐案积累的过程，也最终形成了相对稳定的认定标准。同时，既然是积累，那么必然会出现多元的新元素和新内容，这时候认定标准就需要吸纳这些因素来扩张自身的判断要件，或者在有充分理由的基础上排除新元素的加入，这即是认定标准的开放性所在，其也是通过逐案判断的过程得以实现的。

另外，新的标志性判决的出现有时候会推翻已有的判决或者出现判决不一致的情况，这都是正常的现象。排除法官、法院的主观因素，社会情势的变化、国家政策的转化都会影响到判决本身，这就不可避免地会出现对于标志性案件及其司法认定标准的批评和反对。[1]还可能进一步引起的问题是，这些批评和反对意见不能为已有的认定标准所容纳。[2]在此，本书的处理办法是将其单列出来作为反对意见，但总体上不能影响上述对于司法因素影响的判断。

三、行政任务属性的变化

行政因素的影响集中体现在行政任务属性的变化上。在传统的

---

1 445 U.S. 169, 100 S. Ct. 977, 63 L. Ed. 2d 293, 5 Media L. Rep. (BNA) 2473 (1980).

2 See Elizabeth Adelman, Data Wars: How Superseding Forsham v.Harris Impacts the Federal Grant Award Process, 21 J. Nat'l Ass'n Admin. L. Judges 105 (2001).

"传送带"模式下，行政机关严格执行国会及立法的规定，在行政权有限的同时行政任务也相对单一。[1]随着经济发展和社会进步，公共物品的需求越来越广泛、多元化，在行政事务繁杂的同时也为行政权力的扩张提供了难得的机遇。与此同时，行政机关已经不是履行行政任务的唯一主体，私主体等社会组织加入承担公共义务的主体之中。由此行政机关的认定，一则是在不断膨胀的行政任务所引起的行政机关规模扩大和权力扩张中变得愈发困难，二则是在分工愈发精细、合作完成公共任务的潮流中难度增加，这都属于对行政机关认定的明显影响。

行政任务的繁杂引致行政机关的规模扩大和权力扩张，这会使行政机关的认定变得更有必要，也更加困难。以例示之，州际商业委员会的诞生，虽然面临着来自众多学者对其合宪性的质疑，但仍然在国会与法院的相互妥协、让步中生存下来，并成为集行政、准司法和准立法等职能于一体的行政机关，[2]这与经典理论中认为的行使行政权的组织属于行政机关的观点是有所抵触的，这也对法院对其开展的性质认定提出了挑战。再有例子，罗斯福新政时期设立的诸多行政机关，很多是以振兴经济、恢复国力为目标的，然而当其行政任务达成之后，这些行政机关的行政权就会发生转移与变化，有的可能成为矫正市场失灵的经济部门，有的可能成为保护劳动者权益、以实现"劳有所获"为目标的社会保障部门，隐藏在这些名目变化背后的则是行政权力的

---

[1] See Richard B. Stewart, The Reformation of American Administrative Law, 88 Harvard Law Review 1667 (1975).

[2] 参见王名扬:《美国行政法》，中国法制出版社 1995 年版，第 50 页。

扩张或是转移。[1]这都为行政机关的认定提出了新的难题。

如果说行政机关自身的权力状态变化足以造成行政机关认定的困难，那么合作治理、精细化分工等为行政机关认定带来的则是“灾难性”的影响。第一，行政机关在合作治理中扮演的角色可能是时刻变动的，有时候是作为平等的合作者参与到公共事务中来，有时候是作为具有管理关系的监督者对私主体进行一定的管理，这两种情况下私主体的性质可能出现截然不同的结果。第二，分工的日益精细化使得合作治理出现了阶段化的现象，一项公共事务的完成可能依赖于行政机关参与其中的某些环节，也依托于私主体参与到其中的某些环节中来，这时候就会出现鱼龙混杂的局面，需要在每一个作业的阶段中具体问题具体分析，这也是“行政职能”标准向“监管关系”标准演化过程中所经常遭遇的难题。[2]

综上所述，在行政机关认定的过程中，可能有多元、复杂的因素影响着最终的结论。以权力分立的框架为视角，可以发现立法、司法和行政都存在相关的影响因素，这可以归纳为立法内容和立法目的的变迁、标志性案件的出现与同类判决的积累，行政任务的属性变化等具体内容，都会对行政机关的认定产生着重要的影响。

---

[1] See Kenneth C. Davis, Administrative Law and Government, West Publishing Co., 1960, p.27.

[2] Jody Freeman, The Private Role in Public Governance, 75 N. Y. U. L. Rev. 543 (2000).

第二节　认定标准变迁的实质推力

如本章开篇所述，讨论行政机关认定的变迁，需将视线置于“国家—社会”关系、“公法—私法”关系以及行政法的范围等框架中展开。在综合归纳的原则下可以看出，行政机关认定的标准和原则都不同程度地反映出以下原理：行政机关在“国家—社会”关系中的核心地位；控权原则经由传统的社会领域向新生的合作治理领域迈进；公共任务市场化运作在得到认可的基础上，开始在司法判决中不断发掘自身的规则，并在规则的要求下逐渐走上正轨。其中，第一项内容反映出“行政国”中行政机关的地位及其对于“国家—社会”关系二元区分的实际意义；第二项内容则从传统原则是否适用于新领域的疑问中，提出合作治理领域中权力控制的必要性问题；第三项内容与第二项内容相关联，在施行控权的基础上，构造公共任务市场化运作的空间和规则，这实质上还牵扯到公法与私法、公权与私权界限的问题以及行政法范围的确定。

一、行政机关处于核心地位

在行政机关的认定过程中，待判断的组织经常作为与行政机关进行对比的对象或者行政机关监管的对象。总结这两类关系，可以看出行政机关在其中起到核心的作用，一则表现为待判断的组织是否如行政机关一样作出行为，二则表现为待判断的组织是否受到行政机关监管从而实质上成为行政机关的下属部门。[1]

在“行政职能”标准中，法院在审查的过程中，实际上将待判断的组织与一般意义上的行政机关进行了隐形的“对比”，最终得出结论认为该组织是否像典型的政府那样运作。在苏西诉大卫案[2]中，二审法院在对于科学和技术办公室能否构成行政机关的判断中，着重审查了其具备的权力：评估联邦行政机关开展的科学研究项目、在完成科学和技术领域相关的联邦政策时为总统提供建议和协助。因此，评估、建议和协助成为科学和技术办公室具备的三项职能。一方面，这些功能属于国家科学基金会的固有职能，而该基金会属于行政机关，所以科学和技术办公室也就做出了与行政机关相同的行为；另一方面，法院认为评估权属于实质独立的权力，与行政机关所行使的规章制定权、

---

[1] See Craig D. Feiser, Privatization and the Freedom of Information Act: An Analysis of Public Access to Private Entities Under Federal Law, 52 Fed. Comm. L.J. 21 (1999—2000).

[2] See Ann H Wion, The Definition of “Agency Records” under the Freedom of Information Act, 31 Stan. L. Rev. 1093 (1978—1979).

行政裁决权具有同质性，也就行使了行政机关享有的权力。后续的同类案件中也表现出了相同的内容和结论。总之，“行政职能”标准中行政机关作为“模板”起到了核心作用，待判断组织需要被认定为如行政机关一样做出行为方能构成《行政程序法》意义上的行政机关。在“监管关系”标准中，法院对待判断组织的认定，实质上是对该组织能否经由行政机关的监管而成为政府的某一组成部分做出了判断。在福谢姆诉哈里斯案[1]中，大学群体糖尿病项目小组之所以未能构成行政机关，盖因为单纯的联邦资助关系尚不能将该项目小组转化为健康、教育和福利部下属的行政机关，毕竟其缺少了上下级行政机关所具备的广泛的、具体的和日常的实质监管关系。从另一个角度看，此时要求健康、教育和福利部作为私人受资助者一定程度上的“领导机关”，类似董事会、总经理在公司所开展的监督那样，事无巨细、完全渗透地参与到了私主体的运行之中，这才能符合实质监管权的要求。可以看出，在“监管关系”标准中，待判断的组织需要经由行政机关的实质监管关系被认定为类似与下属行政机关享有同等的法律地位时，其才有可能构成《信息自由法》意义上的行政机关。细观其中关键，行政机关无疑起着举足轻重的作用。

总结上述两大认定标准背后的共性可以发现，行政机关在其中均起到了核心的作用。具体而言，对于行政机关的界定，较高程度的政

[1] 445 U.S. 169, 100 S. Ct. 977, 63 L. Ed. 2d 293, 5 Media L. Rep.（BNA）2473（1980）.

府关联是必要的。[1]以此为起点，可以看出行政机关认定的整体方案是从“什么属于行政机关”的路径切入的，而非从反面的认定方案入手抽取排除式的要件。这样做有明显的益处，首先是确定了“国家—社会”关系中的二元区分应以管理（权力）关系作为界限，落入享有行政权或者属于行政机关组成部分的组织的皆被纳入行政机关的范畴。反之，其他都是属于市场自由的范畴，不再认定为行政机关。比如，单纯的资助关系与实质监管关系相比，后者均可以纳入行政权的范畴，而前者因为不符合权力特征或者成为行政机关的组成部分，因此被排除出国家关系成为社会中的市场组织。同时，还有证据可以证明在私主体承担公共职能和法院认定行政机关的过程中，行政机关的地位得到了强调和补充，而原本属于私有的领域逐渐被吞噬。正如有学者所理解的那样，通过私人提供公共物品和公共服务的做法，不仅未产生压缩政府、削减政府管理范畴的功能，而且还成为政府逐渐介入那些传统上被认为属于私有领域的通道。[2]此时，私人承担公共职能成为“公有化”的一种方式。相对应地，公法上的诸多规范也会经常地拓展到私主体身上。从中可以看出，在行政机关认定的过程中，行政机关始终处于核心地位，即便是面对私主体承担公共职能的难题时，也是以

[1] See Craig D. Feiser, Privatization and the Freedom of Information Act: An Analysis of Public Access to Private Entities Under Federal Law, 52 Fed. Comm. L.J. 21 (1999—2000).

[2] See Jody Freedman, Extending Public Law Norms through Privatization, 116 Harv. L. Rev. 1285 (2003).

行政机关的视角来审视私主体的行为内容和属性，并最终以行政机关的特征来做出成立与否的结论。[1]由此，行政法的核心问题不再停留在传统的行政机关之上，而是应当将公主体和私主体混合行使的行政权力作为核心。[2]可以看出，在实质理解的视角下，私人承担公共职能所引起的行政机关认定问题均以行政机关为核心而展开，不管是认定的标准、认定的前提还是认定的结论，都对行政机关及其传统理论产生或扩展或更新的效果。

由此，在合作治理的情境下，行政机关与私主体不再是传统的威权关系，"命令—服从"型的传统关系也开始转为合作、参与的新型关系。其中，行政机关的角色开始变得多元和分散，包括但不限于监督者、合作伙伴、执行者、经纪人、联络人，等等。[3]可以看出，不管是传统关系还是新型关系，行政机关始终承担着行为决策制定者、推进者、监督者等重要角色，在整个公共任务的完成过程中处于核心地位，起到十分关键的作用。[4]当然，有学者主张应当"消灭"所有的行政机关，并充分重视私主体在发挥公共职能的作用以及最终走向混合行政的可能。[5]与之相反，有的学者认为不存在公共政策和行政权力无法触

---

[1] See Jody Freeman, The Private Role in Public Governance, 75 N.Y.U. L. Rev. 543 (2000).

[2] [3] See Jody Freeman, Private Parties, Public Functions, and the New Administrative Law, 52 Admin. L. Rev. 813 (2000).

[4] See Robert H. Mnookin, The Public/Private Dichotomy: Political Disagreement and Academic Repudiation, 130 U. Pa. L. Rev. 1429 (1982).

[5] See Jody Freeman, Collaborative Governance in the Administrative State, 45 UCLA L. Rev. 1 (1997).

及的私人领域。[1]也有学者认为公私区分的做法将彻底破产，社会现实将推动着这样的二元区分走向式微甚至消灭。[2]还有的学者在具体的部门内论证公私区分的框架是多么的伤痕累累。[3]然而，不管是在现实的行政实务中，还是在法院的审判过程中，都需要对行政权的边界以及其与社会自治的区分展开认定，这从对于行政法的边界、市场的活动范围等内容的研究上即可见一斑。因此，尽管出现了民营化、职能外包等新的情形，当前对于公私区分的研究仍然是重要的、有意义的。同时，在公私区分的场合，从来不是完全割裂甚至毫不相关的。一项明显属于私主体的事务，很可能需要行政机关的支持和引导才能达致圆满，而行政机关要完全实现预定的公共目标，也需要通过各类方式吸纳私主体开展各项公共任务。即便是在法律和政治的意义上，也不存在非此即彼的公私区分，只是有两者的各自领域而已。[4]有学者指出，社区管理委员会这一看起来明显属于私领域的组织，其活动方式与属于公领域的“城市”具有极大的相近性。反过来讲，城市在运作的过程中，也有很多诸如投票权分配、经济利益分成等与社区管理委员会

---

[1] See Brest, State Action and Liberal Theory: A Casenote on Flagg Brothers v. Brooks, 130 U. PA. L. Rev. 1296 (1982).

[2] See Duncan Kennedy, The Stages of the Decline of the Public/Private Distinction, 130 U. Pa. L. Rev. 1349 (1982).

[3] See Klare, The Public/Private Distinction in Labor Law, 130 U. PA. L. Rev. 1358 (1982).

[4] See Gary Peller, Public Imperialism and Private Resistance: Progressive Possibilities of the New Private Law, 73 Denv. U. L. Rev.1001 (1996).

所采取的灵活、高效的处理方式相同的权力，因此二者之间既有各自的立场，又相互渗透，不存在绝对的、完全的公私分明的领域。[1]

总之，行政机关认定及其标准的背后，隐藏着行政机关居于核心地位的制度假设，这一方面影响了认定标准的成立与变迁，另一方面也对公私区分的界限提供了一种视角。然而，行政机关在“国家—社会”关系中的地位并不能证明其能够完全将公领域从繁杂的社会现实中完整地取出来，公私混合、相互渗透的情况已经不可逆转，因此需要综合考虑行政目标的实现，将公私区分内化为达成目标的手段和工具，最终实现合作治理、互利共赢的任务完成样态。在这其中，当然也存在着公共事务与私人事务的一定区分，公共事务依靠权力与责任体系加以建构，并在合法性保障的目的下得以实现公共利益。私人事务则交由市场化竞争和经济刺激来完成，尽量保证私主体的自主权，实现私人利益的最大化。

二、“控权原则”向新型法律关系的拓展

在美国，探讨行政法最早的印记必须着眼于行政机关对于商业活动所进行的规制，后又扩展到影响公民生活的各个领域之内，形成普遍的、深入社会各个角落的行政干涉。基于此，对于权力控制的需求应运而生，这既是对权力行使合法化的保障，又体现出对私人自由的

---

[1] See Ellickson, Cities and Homeowners Associations, 130 U. PA. L. Rev. 1511 (1982).

充分关照。[1]反过来讲，控权技术钳控的是可能失范的行政机关及其权力，毕竟政府可以对公民生活随时行使潜在的专横权力，并形成对合法权益的侵害和介入。比如，造成个人在财产上的缩减以及行为上的不利益、直接对个人行动自由的约束甚至拒绝都会引起个人诉诸司法部门，要求对行政权力的行使进行合法性判断并作出对己有力的判决。更进一步讲，控权原则的具体体现是从行政权介入私人生活的那一刻起，便为公民提供了一条通过质疑权力行使的合法性来维护自身合法权益的路径，这不仅是行政法上的问题，也是侵权法上的问题，直接影响到公民基于法定权利对于行政权和其他公民的对抗可能和对抗能力。因此，在行政职能下放、私主体承担公共职能不可避免地成为现实的前提下，讨论控权原则的适用性即是在讨论公民面对私主体侵害时的救济问题，连带何时、如何施加法律上的要求共同成为非常棘手的难题。[2]

私主体承担公共职能时的弊端客观上为控权原则的介入提供了充分的必要性，特别是为行政权力及其行使的合法化危机提供了解决路径。传统上认为，涉及公共资源使用的场域，即便不必然是公共事务，但总体上也需要对该项事务中的公共价值进行明确的监管和问责，譬如学校教育、监狱事务、福利等项目的提供。然而，在司法审查被认

---

[1] See Richard B. Stewart, The Reformation of American Administrative Law, 88 Harvard Law Review 1667 (1975) .

[2] See Jody Freeman, Private Parties, Public Functions and the New Administrative Law, 52 Admin. L. Rev. 813 (2000) .

为是行政法律关系中实现追责核心机制的情况下，[1] 控权原则的介入并不是一开始便以事务属性为标准展开的，其也经历了从主体标准向行为标准的历史变迁。[2] 因此，探讨私主体承担公共职能时是否如行政机关一般承担相应的义务、责任即是在这一背景下展开的。具言之，接受政府委托、外包的私主体，相应地承继了行政机关所享有的行政权，这源于联邦层面上逐渐放松的授权要求。[3] 因此，私主体承担公共职能不但对授权是否合宪提出了诘问，[4] 还对行政权的合法性带来了巨大的挑战。

就前者来看，一般而言，行政权可能会对相对人产生人身或者财产上的实质影响，因而行政机关的行使行为在民主架构中必须得到人民的认可。私主体的行使则缺少必要的民主基础，特别是没有经过那些可能受到其行为影响的人的同意，不管是通过契约还是财产所有权。[5] 在该问题上，作为保守派的美国共和党人士有同样的疑惑，其强调私人财产神圣不可侵犯，并将市场作为一种激励个人才能和经济效率的制度，因此一旦以二次分配为目的的各种政府项目由私主体来完

---

1 See Muchael Taggart, the Province of Administrative Law, Oxford University Press, 1997, p.70.

2 参见杨欣：《美、英司法审查受案标准的演化及其启示——以私人承担公共职能为考察对象》，载《行政法学研究》2008 年第 1 期。

3 See Carter v. Carter Coal Co., 298 U.S. 238 (1936) .

4 See David M. Lawrence, Private Exercise of Governmental Power, 61 Ind. L.J. 647 (1986) .

5 See Hale, Our Equivocal Constitutional Guaranties, 39 Colum.L.Rev. 563 (1939) .

成，必然会遭到强烈反对。[1]所以，在授权行为产生后，私主体实际上成为政府分支的“第五部门”，[2]质疑其是否合宪的声音也此起彼伏，这就涉及控权原则介入承担公共职能的私主体时的宪法基础问题。通常来说，控权介入的宪法基础包括正当程序原则、宪法至上原则、授权条款以及代议制民主的基本概念四个问题。[3]

首先，私主体承担公共职能，其核心问题即是具有强制性的行政权将被运用于获取私人利益，有时甚至会违背公共利益，这与人们对于政府官员行使行政权时的预期状态大相径庭。因此，需要将行政权置于已有的规则中加以行使，回归到设立行政权最初的意旨中，客观上要求运用正当程序防止危险的发生，[4]并由此得出授权是否合宪的结论。同时，正当程序原则也在该类情形的适用中不断实现自身的理论完善。[5]另外，宪法至上原则是很多学者推崇的授权基础，并将其作为审查的标准。[6]在宪法创设行政机关并对其进行赋权的情况下，行政机

---

[1] See Martha Minow, Public and Private Partnerships: Accounting for the New Religion, 116 Harv. L. Rev. 1229 (2003) .

[2] See Harold I. Abramson, A Fifth Branch of Government: the Private Regulators and Their Constitutionality, 16 Hastings Const. L.Q. 165 (1989) .

[3] See David M. Lawrence, Private Exercise of Governmental Power, 61 Ind. L.J. 647 (1986) .

[4] See 411 U.S. 564 (1973) .

[5] See David J. Kennedy, Due Process in a Privatized Welfare System, 64 Brook. L. Rev. 231 (1998) .

[6] See Freedman, Delegation of Power and Institutional Competence, 43 U.Chi. L. Rev. 307 (1976) .

关必须完成法定的宪法义务，这是没有任何争议的。然而，在私主体承担公共职能的场合，尽管宪法没有明确规定其如行政机关那样承担相应的宪法责任，但考虑到私人授权与公共授权在本质上具有相通性，仍然需要作出相应的义务规定。退一步讲，即便宪法至上原则在解决该问题上无能为力，行政权的授予仍然存在合宪性困境，需要通过补充性的其他宪法基础有所作为。[1]授权条款则是证成权力授予行为合宪性的直接论据，这在包括州宪法在内的很多宪法中都有明确规定，也大致包括了授权条件、授权事项、授权程序等一系列内容。以例示之，获得授权的私主体如果缺少授权条款的支撑，其必然会成为无效的权力和行为。同时，授权条款还与权力分立理论紧密相连。除了行政裁决、规章制定等典型行为以外，很多琐细的、复杂的权力事项授予私主体后，判断合宪与否的关键可能不再在于授权条款的检视，而是从权利属性的角度审查私主体所行使的权力的性质，并对其做出判断。[2]最后，代议制民主的概念问题。该问题主要体现在法院的判决之中，因此很多具有个案性和特殊性。比如，法院往往认为承担公共职能的主体应当接受公众的问责，不管是直接的还是间接的。因此，在一切权力来源于人民的国家，不管是私主体还是行政机关，只要其行使了公权力，不可避免地将接受问责。这也是解决授权行为之后责任归属问题的重要途径。综上，上述四方面的内容共同构成了授权行为合宪

1 2 See David M. Lawrence, Private Exercise of Governmental Power, 61 Ind. L.J. 647 (1986) .

性的基础要件，也是控权原则介入的宪法性基础。

就私主体承担公共职能所带来的合法性危机而论，一方面，通过引入市场化风格的竞争来完成公共任务，这可能会将那些原本适用于公共项目的规范束之高阁，有导致公共目的落空的重大风险；另一方面，私主体承担公共职能还可能造成在通过社会努力满足公众需要的过程中行政机关的缺位，这实际上从反面说明了公共机构在社会进程中地位的下降甚至是可有可无的情况。[1]长此以往，“无政府主义”的观念会弥漫在整个社会风气之中，最终影响行政机关的正常运作和存在意义，直至在与市场中私主体的竞争中退出争夺。举例来看，在本属于行政机关绝对保留事项范畴内的监狱、福利提供等权力交由私主体来行使，不可避免地会产生违逆授权目的和公共任务属性的严重后果。毕竟，在市场化竞争的氛围中，狱中犯人既是政府需要监管、教育的对象，又是私主体盈利的间接载体，若存在信息不对称、行政垄断等市场不足的现象，必然会对弱势的一方产生不利的影响。更有甚者，在学校提供服务、社会服务等项目中，在私主体承担公共职能的情况下公平和平等价值的实现更加困难，很可能会成为歧视、腐败滋生的温床，因为缺少规制的竞争很容易演变为无序竞争和恶意竞争，公共价值也在追逐盈利的过程中消失殆尽。

除此之外，控权原则介入的必要性还体现在对于私主体承担公共

---

[1] See Martha Minow, Public and Private Partnerships: Accounting for the New Religion, 116 Harv. L. Rev. 1229 (2003).

职能的各类价值之间的平衡需求上。假如将私主体运用市场化方式承担公共职能看做是完全自由的，那么控权原则的介入无疑是对其行为的约束和捆缚。反过来看，行政机关之所以引入私主体成为公共任务的承担主体，盖因为一方面其自身面对海量的行政任务分身乏术、能力不足，另一方面私主体承担公共职能时所拥有的低成本、高效率为其自身提供了说明力。因此，单就私主体自由行使行政权的情况来看，其可能存在着弊端与不足，亟需采取一定的矫正措施来匡正私主体的行为，而控权原则是不二之选，其直接关涉到司法审查的介入与否。从本质上讲，控权原则的介入可以在私主体有效实现公共价值上存在的创造性、主动性与行政权及其形式的合宪性、合法性之间达成有益的平衡。[1]

由上可见，控权原则在摒弃“主体论”的前提下以“行为论”作为介入的标准，不仅对自身的适用领域产生了扩张的影响，还涉及司法受案范围等内容的变迁。在“传送带”的模式下，控权原则往往对作为主体的行政机关作为介入的识别对象，这一方面与行政分支本身的民主性不足有关，另一方面也体现出国会、法院一直保有对于行政机关权力及其行使的高度警惕性。正因如此，在权力分立的政治架构中，以司法审查为核心控权机制的体系往往着眼于行政分支——行政机关。这在很长一段时间内实现了良好运行，毕竟行政事务简单、政

---

[1] See Martha Minow, Public and Private Partnerships: Accounting for the New Religion, 116 Harv. L. Rev. 1229 (2003) .

府机构不多的情况下只要充分关注行政机关，即完成了控制行政权的终极任务。如本书第二章所述，随着行政机关在规模上的扩大和职权上的扩展，识别行政权的困难愈发凸显，不仅使普通公众难以清晰地发现行政权的归属，即便是行政机关自身也经常无法彻底弄清楚自身的行政权范围和具体事项。[1]同时，随着私主体越来越多地成为政府完成公共任务的合作者，控权原则能否介入的问题也日益凸显出来，成为关系到权力是否合法的瓶颈问题。在这样的挑战和机遇下，控权原则自身也出现了相应的变化，其对行政机关行使行政权的活动依然发挥着重要的作用，同时将介入的标准做出灵活调整，不再拘泥于主体，而是逐渐转向行为的内容，这也相应带动了司法审查标准从“主体论”向“行为论”的转变。[2]在这一过程中，控权原则从行政机关的公权力法律关系开始转向私主体行使公权力的法律关系，实现了向新的法律关系的迈进，是明显的突破和进步。与此相伴随的是，行政争议传统上是在公共机关与私主体对立状态的基础上延展出来的新的情况：私主体与私主体的对立。因此，法院在对行政争议受案时，也面临着相应的挑战。如果一概纳入，则面临现有受案范围扩宽边界的问题；如果一概拒绝，则会导致行政权出现缺少兼顾以致造成恣意、混乱等后

---

[1] See David E. Lewis and Jennifer L. Selin, Sourcebook of United States Executive Agencies, 2012, pp.13—15. Available at http：//www.acus.gov/publication/sourcebook-united-states-executive-agencies.

[2] 参见杨欣：《美、英司法审查受案标准的演化及其启示——以私人承担公共职能为考察对象》，载《行政法学研究》2008 年第 1 期。

果。最终，法院开始依据《行政程序法》《信息自由法》等规范对该类案件进行受理和审判，这体现出控权原则的变化所带来的影响。

三、塑造公共任务市场化运作的规则

在满足了合法性保障的前提下，还需要探讨私主体承担公共职能是否具有保障的必要，也即从侧面寻找到控权的边界，为私主体行为可能具有的优势提供必要的保证，这也是二分法在该问题上的应用和体现，目的是全方位寻找行政机关认定的变迁。

私主体承担公共职能，相较于行政机关而言具有明显优势，这客观上要求对其进行充分关照，并在合法性的基础上创设行为的空间。[1]正如有学者所言，20 世纪后私人承担公共职能的情况，既承接了传统上的已有模式，也体现出相对独立的自身特点，主要有三点：一是政府开始通过直接融资和合作投资的方式，而不再单纯依靠公共政策来促进私人企业的参与和发展；二是得益于上述活动的推进，存在于学校教育、社会服务、争端解决等方面的公私合作缓解了社会安全网、公共事务中行政机关的责任；三是公共任务完成过程中所注入的市场化风格产生了恰当的、必要的竞争与选择，这相较于通过宪政价值和民主理念做出的治理更为有效。[2]这从总体上反映出私主体承担公

---

[1] See David M. Lawrence, Private Exercise of Governmental Power, 61 Ind. L.J. 647 (1986) .

[2] See Martha Minow, Public and Private Partnerships: Accounting for the New Religion, 116 Harv. L. Rev. 1229 (2003) .

共职能可能具备的天然优势，也是对于控权力度的圈定和限制，并可以具化为有必要和充分保障私主体发挥自身能量空间的正当要求。[1]接着，在个例的相关领域中，进一步发掘出私主体承担公共职能的各类价值，也能得出同样的结论。以私人开办监狱为例，早有研究指出监狱的私有化可以实现服务的改善和费用的调低，[2]这与私人承担公共职能最终指向同样的结论。具体来看，政府机构在运营矫正机构和拘留所时往往会出现失灵的现象：管理成本飙升，囚犯改造效果不佳，甚至在关押期间根本未得到相应的教育和纠正。然而，私人运营者则可以为纳税人节省资金，其可以更为便捷、便宜地建造设施，并以更为经济、有效的模式下开展监狱的运营。在最大便利性和最小甚至没有官僚作风的情况下，不管是新的措施还是日常事务都能快速得到施行，减少了大量的行政成本和时间消耗。即便是当前矫正机构普遍面临的主要难题——人满为患，也可以在一定程度上得到缓解，这也相应减少了因囚犯、监狱雇员提起诉讼而支出的政府成本和承担的政府责任。[3]可以发现，不管是在整体概观上还是在具体细节上，私主体承担公共职能使得自身拥有明显的优势和空间。加之行政资源和行政能力的日益紧张，政府寻求外部私主体来独自承担或者合作承担公共任务

---

1 See Louis Jaffe, Law Making by Private Groups, 51 Harv. L. Rev. 201 (1937).

2 See Laura Suzanne Farris, Private Jails in Oklahoma: an Unconstitutional Delegation of Legislative Authority, 33 Tulsa L.J. 959 (1998).

3 See Ira P. Robbins, The Impact of the Delegation Doctrine on Prison Privatization, 35 UCLA L. Rev. 911 (1988).

就显得不足为奇了。除此之外，有学者认识到私主体承担公共职能还可能会在市场激励和完善中提高公共供应的质量和效率，并最终形成“国家—社会”关系中公共事务的多元主义。[1]也有学者将私主体承担公共职能的价值归结为灵活性、专业性、效率性和多元主义，并可能形成利益代表模式下的各类利益代表。[2]这些共同为私主体在合法性前提下，最大程度地运用市场化手段提供公共物品和公共服务提供了坚实论据。

同时，考虑到任由私主体在不违法的情形下开展市场行为可能会产生负外部效应，特别是过于关注市场竞争在公共物品提供过程中的地位而造成对公共价值的稀释甚至违背，还可能会加剧族群的隔离和平等实现的难度，最终反过来对国家治理构成严重威胁，[3]应该着重从保障私主体自主权的角度来实现活动空间的创设。[4]在福谢姆诉哈里斯案[5]中，法院在认定大学群体糖尿病项目小组是否构成《信息自由法》意义上的行政机关时，也对该项目小组的自治权进行了重点考察，并以采购合同与捐赠协议的对比加以说明。就前者而言，行政机关作为行为的主动做出者，其享有最终物品和服务的所有权，接受

[1][3] See Martha Minow, Public and Private Partnerships: Accounting for the New Religion, 116 Harv. L. Rev. 1229 (2003).

[2] See David M. Lawrence, Private Exercise of Governmental Power, 61 Ind. L.J. 647 (1986).

[4] See PruneYard Shopping Center v. Robbins, 447 U.S. 74, 93 (1980).

[5] 445 U.S. 169, 100 S. Ct. 977, 63 L. Ed. 2d 293, 5 Media L. Rep. (BNA) 2473 (1980).

采购的私主体则属于被动方，仅仅具有提供物品和服务的资格，并不因为采购关系的产生而成为行政机关，在该活动中不具备自治权；与之相反，在一般的捐赠合同关系下，政府将资金无偿捐献给行为活动者——私主体，所有因行为而产生的后果均属于私主体，这也对应了在该项活动中私主体可以根据自身的意志存在一定的行为自由，这即是自治权的体现。自治权的保障实际上是为承担或者参与公共物品和公共服务提供的私主体提供一种自由行为的能力，而不能如行政机关那样受到各类规范的完全约束和彻底规制。以学校教育的提供为例，行政机关作为行为者时需要在符合法定程序的同时达到法定要求，而私主体在作出同一行为时可以根据自身的资源、供应能力和市场化手段来作出决断，并在保障教育质量和效率的同时实现自身财产的保值和增收，这与行政机关的做法最大的不同在于其享有的自主权。“用非人格的市场交换规则取代官员的自由裁量权，借此可以促进私人自主权。”[1] 因此，在公共任务市场化运作的过程中，私主体单独或者合作参与的规则逐渐得以建立起来，一方面要以合法性为最低要求，必须得到保障；另一方面也要充分关照到私主体的行为动力和能力，在保证自主权的基础上设定规则的最高要求，而整体的规则既可以在最低要求和最高要求之间进行摆动，根据不同的事务类型确定具体的运作规则。

[1] See F. Von Hayek, The Constitution of Liberty, University of Chicago Press, 1960, pp.12—13.

除此以外，公共任务市场化运作的规则还是在利益平衡中得以实现的，特别是从合法与效率、规制与自治两个角度展开论证。私主体参与公共任务的完成对于公、私双方来说可以是一个互利共赢的过程：私主体在通过参与行为扩展了业务范围的同时也丰富了盈利的渠道，并在与政府合作的过程中获得了更多的资源；政府在通过捐赠、资助、外包方式吸纳私主体成为公共物品和公共服务提供者的过程中，实际上“支取”了私人的资源来达成公共目标，这样就更高效地行使了自身职权。[1]同时，这样的做法还是一种闲散资源充分利用的过程，从社会整体角度来看提升了资源的利用率，增加了社会的整体盈利水平。[2]这意味着，私主体承担公共职能的行为会促进公、私双方的合作与共赢，最终指向的是合作治理。[3]因此，需要在二者之间建立求同存异、互利共赢的平衡关系，这必然要求对二者固有的目标指向进行融合，在合法与效率、规制与自治两个角度进行必要的平衡。如前所述，控权原则向新型法律关系拓展的目的是保障行政权及其行使处于合法性的框架内，因此合法性是私人承担公共职能的前提和基础，这也体现出“三权分立”的架构中行政权必须接受国会、法院监督的现实，这是行政权行使的常态与保障。然而，私主体参与到公共任务中来，假

[1] See Gillian Hadfield, Of Sovereignty and Contract: Damages for Breach of Contract by Government, 8 S. Cal. Interdisc. L.J. 467 (1999).

[2] See Tony Prosser, Social Limits to Privatization, 21 Brook. J. Int’l L. 213 (1995).

[3] See Office of Policy Dev. & Research, U.S. Dep’t of Hous. & Urban Dev., Faith-Based Organizations in Community Development (2001).

若与行政机关同样接受监督，那么其优势将不再明显，意义也会大打折扣。在法律意义上，此时的私主体与行政机关仅仅是称谓上的不同而已，在法律上则是功能相同的组织。如若这样，私主体参与的动力和意义就无法持续，公私合作也演变成为公共合作的样态。因此，需要在合法的前提下尽可能地发挥私主体的能动性，特别是在效率上加以推动和保证，方能确保私主体和行政机关的合作能够各取所需、合作长久。这就要求在公共任务市场化运作的过程中要平衡好合法与效率的关系，既要免于行政权的恣意和混乱，又要提升外部主体的意愿和动力，这将共同把公共任务合法、高效地完成。同时，在公私合作的关系中，行政机关通过资助、外包等形式将任务交由私主体来完成，必然包含了相关的要求和准则，这属于行政机关对于私主体的规制与约束，目的则是对公共任务负责、对公共利益负责，这显然是必要的、重要的，毕竟参与市场竞争的私主体经常以盈利为终极目标，由其承担公共任务可能会存在营利性超越公益性的隐忧。然而，规制的程度和界限并不是无限的，也应适当考虑私主体接受规制的能力和限度，特别是在公共任务的完成已经获得足够保障时，接下来应当考虑的重点是如何让私主体最大程度地发挥自身的能量，这就需要在自治的角度上做文章。资质并不是抛弃所有规制，而是与规制相结合，在规制达到必要的程度以后，应以私主体的自由行为为关注点，交由其灵活、高效地完成公共任务。这体现的即是平衡规制与自治二者的关系问题。

综上所述，在行政机关认定标准的背后，存在着三项实质推力，分别从行政机关的核心地位、控权原则向新型法律关系的拓展和塑造公共任务市场化运作的规则三方面为“行政职能”标准和“监管关系”标准的出现、变迁提供了基本的解释框架。从另一个角度看，正是由于这三方面内容，行政机关认定标准的内容和变化才呈现出判例中的样态，这也反映出一般与特殊的关系、原理与个案的关系。

第三节　认定标准的结构变迁

在上述推理和因素的合力下，行政机关认定标准出现了变迁。从抽象化的认定标准角度可以发现，“行政职能”标准体现出法院运用功能原则展开认定的方法，而“监管关系”标准则是在控制原则的视野中将待判断的组织认定为行政机关的一部分。两相对照，在行政机关认定标准的变迁过程中发生变化的内容主要体现为两个方面：一是关注点的不同；二是由此而引起的公共任务完成模式的演变。

一、审视变迁的起点：抽象化的认定标准

在合法性与效率性的原则之下，变迁内容的归纳方式还要体现出必要的理论性和充足的适用性。如第三章和第四章所分析的那样，“行政职能”标准和“监管关系”标准是从逐例的司法判决中归纳得来的。这一归纳过程的起点是整合法院在一段时期内认定行政机关的

共同或者类似标准和内容，从形式上进行整理，统合较为类似、相近的认定要素并归纳为一个认定标准。这只是归纳过程的第一步，尚需要从较为稳定的法律适用标准的角度进行再度提炼和抽象化。因此，结构变迁的归纳方法与职能标准、监管标准的归纳不一样，其必须具备必要的理论品格和适用功能。理论品格的强调是以构建相对完整、系统的体系为诉求，力求将行政机关的认定在美国行政法的层面上予以呈现出来，与行政行为、行政程序、行政救济等内容及其研究可以展开对话，并在理论范畴上实现共通或者在同一个话语体系内达到互相交流的效果。适用功能的突出以反复检验、不断提升为目标，将来源于判决事例的认定标准和原理再回到判决之中，不断地在法院和法官的适用中寻找到自身的优势和不足，并在判决书中体现出来，这为在后续的案件中判断行政机关的存否提供了愈发完善的认定标准。

第一，“行政职能”标准及其要素的抽象化表述是功能原则。就苏西诉大卫案[1]而言，“行政职能”标准的提出固然是其最重要的贡献，为《行政程序法》中不确定法律概念的审查提供了要素。同时，有学者从认定方式的角度对其进行了归纳，并认为其属于一种“功能等同”

[1] See Ann H Wion, The Definition of “Agency Records” Under the Freedom of Information Act, 31 Stan. L. Rev. 1093, 1115 (1978—1979) . See also Grumman Aircraft Engineering Corporation v. The Renegotiation Board, 482 F.2d 710 (1973), 157 U.S.App.D.C. 121 (1973) .

的分析方法。[1]究其原因，苏西诉大卫案[2]中的法院在对科学和技术办公室性质进行判断的过程中，所提出的要求即是具备实质独立的权力，这与最为常见的行政机关具有功能上的相通性。更为重要的是，后续案件的判决中还出现了诸如“像行政机关那样设立的”、[3]“组织形态与行政机关具有很大程度的相似性”的表述，[4]这更进一步佐证了“功能等同”分析方法的真实存在。在政府信息公开的语境下，“功能等同”分析方法不但对政府信息的构成产生了重要影响，还对信息公开义务的成立与否起到了关键作用。[5]在艾弗森诉金波尔城案[6]中，争议的焦点是涉案数据是否构成信息，法院在判断过程中认为涉案数据形成的过程，其与公民之间的关系等方面的表现与一般的政府信息具有同样的功能，从而将其认定为政府信息。可以看出，这即是运用功能的方法展开的

---

1 5 See Craig D. Feiser, Privatization and the Freedom of Information Act: An Analysis of Public Access to Private Entities Under Federal Law, 52 Fed. Comm. L.J. 21 (1999—2000).

2 See Ann H Wion, The Definition of “Agency Records” under the Freedom of Information Act, 31 Stan. L. Rev. 1093 (1978—1979).See also Grumman Aircraft Engineering Corporation v. The Renegotiation Board, 482 F.2d 710 (1973), 157 U.S.App.D.C. 121 (1973).

3 See Rocap v. Indiek, 539 F.2d 174, 176 U.S.App.D.C. 172 (1976). See also 12 U.S.C. s 1452 (b)(3).

4 See Michele Healy Ubelaker, Access to Grantee Records under the Freedom of Information Act: An Analysis of Forsham v. Harris, 34 Sw. L.J. 993 (1980—1981).

6 767 N.W.2d 751 (2009).

认定。在信息公开义务承担与否的判断过程中，也存在同样的情形。[1]总之，“行政职能”标准及其要素从认定方式的角度来看，其进路是通过功能的对比来审查行政机关的成立与否，这可以归纳为行政机关认定的功能原则。

第二，“监管关系”标准及其要素的抽象化表达则是控制原则。从字面意义上理解，监管关系与控制原则之间明显存在着十分接近的联系，而之所以要提出控制原则的提法，是为了更好地区别于“行政职能”标准及功能原则。后者更多的是着眼于待判断的组织本身，并将其与理想中的行政机关予以对比得出最终的结论，而控制原则首先立足于在行政机关和待判断的组织之间的合作关系，其强调的是一方对于另一方的优先地位和管理关系。也即，在这样的控制关系中，待判断的组织可以视为该行政机关的下属部门或者组成部分——这些明显属于行政机关的部门，这也是控制原则的核心内容。[2]重新审视“监管关系”标准中的所有判例，可以发现它们皆符合这样的认识框架。

综上所述，本节为行政机关认定标准内容变迁的归纳和总结准备了必要的准备工作，从归纳的一般原则出发，将控权与效率这一对既存在矛盾又可以共存的概念融入行政机关认定的过程中，并认为应当

---

[1] See Martin J. Silverman, Administrative Law-Freedom of Information Act-Agency Records (Forsham v. Harris Comments), 27 N.Y.L. Sch. L. Rev. 635 (1981—1982).

[2] See Craig D. Feiser, Privatization and the Freedom of Information Act: An Analysis of Public Access to Private Entities under Federal Law, 52 Fed. Comm. L.J. 21 (1999—2000).

加以协调，不能忽略任何一端，以实现行政法的目的，最终为合作治理的推进提供有效保障。从归纳的起点出发，将“行政职能”标准和“监管关系”标准在认定方式的角度中概括为功能原则和控制原则，强调认定标准之间的可区分性以及各自的特质，为结构变迁的结论呈现奠定坚实的基础。

二、观察变迁的原则

所谓结构变迁的归纳原则，指的是在归纳、抽取过程中应遵循的价值及其优先规则。之所以要对此展开研究，是因为行政机关的认定本就立足于多元价值存在的情境中，而且要实现多元价值的各自归位和平衡协调，需要寻找到具有统领性质的价值并对其在全盘考虑的基础上确定价值排序原则，并将其充分反映在结构变迁的结论之中。如本书第二章所述，行政机关的认定不管是根据《行政程序法》展开还是根据《信息自由法》展开，都隐含着两大价值的存在：一是行政权的合法性实现；二是合作治理的模式效果实现。[1]就前者而言，行政机关的存否直接影响到司法审查的介入，以及在司法判决中所体现的宪法义务、程序要求等能否施加到待判断主体之上的结论，这即是对于权力外溢的控制，也是对于行政权合法性的保障，属于控权的理念。与之不同的是，后者重点着眼的是与政府合作的待判断的组织，特别

[1] See Jody Freeman, The Private Role in Public Governance, 75 N.Y.U. L. Rev. 543 (2000).

是市场机制中的私主体，是否可以在政府所提供的资源、资助等基础上有效、高效、优质地完成本应由政府担负的公共任务，其是政府寻求外部力量合作行使职能的过程，对于效率的追求占据了主导地位，而合法性审查在其看来则属于额外的成本或者支出。[1]此时，主要目的从控权转变为对于待判断组织自主权的尊重问题，也就是市场机制下的效率实现问题。[2]

行政权的合法性保证。在行政机关认定的意义上，认定是研究的结论，而在整个行政法或者法治社会的背景中，认定仅仅是工作的第一步，后续还面临着司法审查的介入于否、行政法律的适用与否和宪法义务、行政义务的承担与否等一系列问题。因此，置于广阔的国家治理视野中窥视结构变迁的归纳与总结，应当挖掘全过程行为的目的指向和终极意义。如本书第二章所指出的那样，将程序性的要求扩展适用到私主体之上是行政机关认定的核心追求，其与将私主体纳入"政府行为"的概念以便接受宪法上的约束、运用"禁止授权理论"或者正当程序条款宣布授权无效以及公私法规范的混合适用等做法共同构成了民营化时代对于私人行政进行控制的路径。[3]其中，在美国法上的规范内容和有关经典论述中为控权的目的提供了正当性支撑，控权

[1] See Gillian Hadfield, Of Sovereignty and Contract: Damages for Breach of Contract by Government, 8 S. Cal. Interdisc. L.J. 467 (1999).

[2] Prune Yard Shopping Center v. Robbins, 447 U.S. 74 (1980).

[3] See Jody Freeman, The Private Role in Public Governance, 75 N. Y. U. L. Rev.543 (2000).

的方式则是类如对待行政机关那样将行政法上的程序性要求施加到私主体之上，这都为行政权及其行使提供了合法性保障，同时也推动了行政法学科的整体发展。[1]然而，对于控权必要性的论证，尚需要在结构变迁的归纳过程中予以重视。在抽象意义上来看，将行政法的要求扩展到承担公共职能的私主体，其意义即是免予挫伤行政法试图规定的责任性、程序正规性以及实体理性的公法规范。[2]具体来看，对于义务施加的时机以及方式影响着最终目的的实现，且与接下来讨论的行政机关的边界、行政法的范围等问题具有密不可分的联系。

保障合作治理的市场化优势。在私主体承担公共任务时，除了要关注行政权的合法性及其控制，还应该溯源私主体承担公共任务时的初衷，以免在合法性追求的路上走得过远，而忽视了合作治理的目的和优势。当行政机关处理大量的、繁杂的行政任务时，必然会相应损耗相当的行政资源，而一旦当资源的可获得性成为问题时，特别是在财政支持、税收收入等事项上出现了不匹配时，行政机关就会面临严重的挑战，要么无法及时、有效地处理事务而导致积压、瘫痪，要么寻求合作伙伴共同履行或者代为履行，这就为私主体介入公共任务提供了客观需要。同时，大量的私主体原本是市场竞争机制中的参与者，其本身具有营利性，对于利润和价值的追求具有充足动力，因此公共服务转移到私主体身上，通过市场化机制予以解决的方案还能在竞争、

[1] [2] 参见［新西兰］迈克尔·塔格特:《行政法的范围》，金自宁译，中国人民大学出版社 2006 年版，第 1—3 页。

逐利的环境中达到公共服务效率的提升、公共物品质量的提高等目标，[1]这是私主体所具备的主观优势。两相结合，行政机关寻求市场化经营的私主体来完成公共任务，客观上是合乎需求和情理的，也是解决行政任务不堪重负的途径。因此，在归纳行政机关认定的结构变迁时，应当将私主体的效率和便利作为重要考虑事项，特别是在保证行政权合法的前提下，赋予私主体充分的自主权，为更好地达成公共任务的目标提供保障和支持。

三、变迁的结论：认定结构的变化

在行政机关认定标准的产生、确立和演化过程中，始终伴随着立法、司法、行政的基础性影响，并在上述三大推力的共同作用中呈现出实用性和适用性，这是较为明显的。同时，伴随着标准的衍化，认定所存在的场域和审查的对象发生了根本的变化，且可以最终归因于"国家—社会""公法—私法""公权—私权"等关系的悄然变动，并以行政法作用范围的狭窄而得以体现。

认定结构的第一个变化，是从对组织属性的审查衍变为对事务属性的审查。"行政职能"标准中，国会和法院都将待判断的组织视为审查的核心对象，并对其是否具备行政职权、是否仅仅行使协助、建议等单一职能作为审查的重点，这可以概括为围绕组织展开的审查。

---

[1] See Gillian Hadfield, Of Sovereignty and Contract: Damages for Breach of Contract by Government, 8 S. Cal. Interdisc. L.J. 467 (1999).

这是一种最为直接的方法，对应的是公共任务承担主体的唯一性和社会事务的相对单纯。后续，随着私主体越来越多地承担相当领域内的公共事务，单单审查组织本身显得不再自足，于是出现了“监管关系”标准，将对组织的审查置于关系的视野中，并将其与典型行政机关的实质关系作为审查对象，这相较于单纯以组织为审查对象的做法已经发生了变化。从另一个角度来看，该组织不管作出何种行为，只要其在行为过程中受到行政机关的实质影响，也即该事务成为行政机关实质参与、实质监督的事务，该组织即构成行政机关。相应地，该事务也即是公共事务。因此，在认定结构的角度上，行政机关认定的方案出现了从审查组织属性到审查事务属性的变化。至于理由，可以从“国家—社会”关系、“公法—私法”关系边界发生变动的事实中得到启示。其一，在旧的等级制度和威权体制经过启蒙思想的洗礼之后，宪政理念开始萌芽并成为指导国家成立的重要思想。尽管由于历史传统、伦理意识、社会矛盾以及矛盾方力量对比等具体情况的差异，不同国家的具体宪政制度各有不同，但它所建构的秩序结构与之前的封建等级秩序相比，显而易见的新东西是：旧的层层节制的金字塔结构变成了“政治国家—市民社会”并立的二元结构。[1]此时，对于国家权力来源被理解为经由市民自愿让渡的权利集合，因此首先意味着公民对于国家的监督权和主人地位，其次才是国家对于公民基于公共利益的管理和公民的相应服从。比如在美国，在行政体制向政府架构内部

---

[1] 金自宁:《公法 / 私法二元区分的反思》，北京大学出版社 2007 年版，第 54 页。

的国会、总统和司法机构进行渗透的同时，[1] 还通过职能下放、职能外包、合作治理等方式将私人和私人机构牵连进来，成为公共任务的完成主体，此时“国家—社会”的二元关系就不断发生着重要变化。[2] 正是这样的变化，引起了行政机关认定标准中从组织到事务的审查对象上的变化。其二，是公法与私法的界限问题。在文义上，公法一般涉及的是国家与国家之间、国家机关与公务员之间、国家与人民之间以及公务员与人民之间的法律关系，而私法则是调整公民之间关系的法律总称。[3] 公法与私法的界限与“国家—社会”关系的变动息息相关，19 世纪的美国法学理论和政治理论开始明确承认公私界限的存在。[4] 在公法和私法的意义上，在观察社会事务成为国家事务的过程中可以发现，原本由私法调整的内容很可能会转变为公法的覆盖范围。此时，还存在法院是否将公法价值应用到参与放松规制、私有化、外包等行为的私主体身上的问题，这更是体现出公法与私法、公权与私权存在明显界分的规则，且对行政主体的存在与否起着前提和基础的作用。在美国，这一界限是模糊的，无法泾渭分明划定的，因为一方面公法

[1] See Peter Woll, American Bureaucracy (Second Edition), W.W.Norton & Company, Inc., 1977, Preface, p1.

[2] See Sean Farhang, Public Regulation and Private Lawsuits in the American Separation of Powers System, 52 Am. J. Pol. Sci. 821 (2008) .

[3] See Frank H. Easterbrook, The State of Madison's Vision of the State: A Public Choice Perspective, 107 Harv. L. Rev. 1328 (1994) .

[4] See Morton J. Horwitz, The History of the Public/Private Distinction, 130 U. Pa. L. Rev. 1423 (1982) .

中的行政机关，连联邦政府也无法确定其数量和具体的名称，[1]另一方面则是公法与私法的相互渗透使得这一工作的难度非常之大。[2]就连自由民主党人士认为是最应当属于私法领域的事务，也有可能被保守的共和党人士认定为其属于公法行为。反之亦然。[3]公私界限模糊的事实会让审查组织的方案变得困难和无法推进，而对事务属性的审查则可以化繁为简，另辟蹊径地解决或者缓解这样的难题。

认定结构的第二个变化，是从单方面的命令—控制关系衍变为参与式的合作治理关系。“行政职能”标准的主要目的即是控制行政权的外溢，保障行政权行使的合法性，这是从管理者与被管理人的角度展开的认定。与此不同，“监管关系”标准存在的前提是私主体业已承担了相当大程度上的公共事务，其要保障参与其中的私主体可以在合法性基础上实现公共物品质量和效率上的双赢。更进一步讲，该变化牵扯到行政法的作用范围问题，与第一个变化中所提及的“国家—社会”的融合、“公法—私法”的混用有着千丝万缕的关系。[4]从一般意义上看，行政法的范围涉及公权力的行使及其合法性判断规则的构建，当

---

[1] See Mary Whisner, Some Guidance about Federal Agencies and Guidance, 19 Law Library Journal 385 (2013).

[2] See C.Sampford, “Law, Institutions and the Public/Private Devide”, 20 Federal Law Review 185 (1991).

[3] See Robert H. Mnookin, The Public/Private Dichotomy: Political Disagreement and Academic Repudiation, 130 U. Pa. L. Rev. 1429 (1982).

[4] 参见［新西兰］迈克尔·塔格特:《行政法的范围》，金自宁译，中国人民大学出版社 2006 年版，第 6 页。

然也包括对于行政过程及其结果良好性的追求以及所提供的规制行为，但对何为公权力以及公权力的行使，都存在很大的不确定性，特别是在行使主体性质十分模糊的情况下，能否运用宪法要求、程序要求对该主体进行规制，尚缺少较为明确的一般标准。因此，对抗式的认定方案仍然将私主体作为管理对象，而参与式的认定则将私主体作为外部的合作者，既能实现行政权受到规制，又能最大程度上追求行政效率的提升和行政资源的节约，这是合作治理产生的基础和优势所在。

第四节　小结

分析了美国联邦层面行政机关的认定及其标准之后，应该将关注的焦点置于标准背后的变迁过程，方能寻根溯源，为认定标准的存在提供必要的证成和支撑。首先，应当确定认定标准变迁的基础。为了更便利、全面地观察法的运行，本书以权力分立理论作为研究框架，完整地呈现出立法、司法和行政三者对于行政机关认定标准的深刻影响。其中，立法的演变起着关键和直接的作用，直接影响到了法院判决所适用的法律依据，也深刻影响到了社会各界对于行政机关定义的认识和理解。司法则从个案出现和积累的角度分析从认定标准确立到被认可的全过程，实际上属于从认定标准内部所观察到的因素。在行政方面，公共任务属性的变化，特别是任务的繁杂化与精细化，使得引入外部主体承担公共任务成为必需，这客观上增加了行政机关认定的难度，也提升了研讨行政机关认定的必要性。

建基于“三权分立”的制度框架，分析认定标准变迁的背后推力可以得出结论：行政机关始终处于核心地位，不管是从运用功能的视角还是采取控制的方案，均可以反衬出“国家—社会”关系中对于行政机关的认定都是从正面角度展开的，也有助于划清公与私、权力与权利的一般界限；控权理论从传统的行政机关行使行政权的领域扩展到混合主体行使行政权的场合。也即，行政权成为控权理论的核心关照，而不再是视行政机关的存在为介入的必要条件。如此做法，不但可以控制私主体行使行政权力所可能带来的负外部效应，还可以保障权力始终得到控制，为行政权的合法性提供充分的机制保证；上述两点共同作用的结果是，私主体承担公共任务不再被认为是“洪水猛兽”，而是在相应的规则空间中充分发挥自身作用的法律行为。这一空间的创设和确立，一方面与对私主体承担公共任务时具备的明显优势的观察有关，另一方面也与有限权力理论有着千丝万缕的关系，实质上为合作治理的产生和合法化制定了一套行之有效的可行方案。

最后，在变迁的基础和推理得以成立的前提下，可以发掘出行政机关认定标准的结构性变迁。在此，应当将审视变迁的起点置于抽象化的表达，将观察变迁的原则定位于合法与效率这一对矛盾之间的平衡上：行政权及其形式的合法性保证是观察变迁的前提与保障，如若确实则易造成行政权力的肆意与合法权益的受损；合作治理的效率保障是公私合作的取向与目标所在，因此在合法性得以确认的前提下应当尽最大程度优先考虑效率的实现和最大化，这具体可以体现为市场化策略的充分引入及对其私主体自治权的足够尊重。最终可以发现，认定标准从审查组织属性转化为审查事务属性、从单纯的行政命令转化为合作治理，并分别与“国家—社会”关系的融合、“公法—私法”的混用以及行政法的作用范围有着千丝万缕的关系。

当然，除了本书分析的《行政程序法》和《信息自由法》上的内容，其他法规范如司法管辖的规范、侵权赔偿的规范等，也可能存在着同类问题，[1]但这并不影响上述内容的主流地位，因此本书将其他法规范上的同类问题作出了技术处理，将其置于本书的余论中加以讨论。

[1] See Richard Neumeg, What is an "agency" for purposes of 28 U.S.C.A. § 1345, granting original jurisdiction to United States District Courts of Civil Actions by any agency of the United States, 51 A.L.R. Fed. 874 (1981).

第六章　余论：行政机关认定的本土实践与借鉴

整理、归纳美国联邦政府上行政机关的认定及其结构变迁，最终的目的是为中国同类问题的解决提供有益智识。根据我国两部《行政诉讼法》（1990、2015）的规定，行政机关认定问题的典型体现的是行政诉讼中适格被告的确认。因此，与美国法上采取实体认定方法对行政机关展开认定不同，我国采取的是程序认定的方法。这一方面要求在整理我国本土实践的时候将美国经验作为参考与借鉴，另一方面则始终要注意两国实践的区别之处。

第一节　诉讼主体模式中的行政机关认定：规范分析

讨论我国本土实践的起点，应当是相应的法规范，这是一种方法论上的自觉，也是规范分析的内在要求。同时，研究应以现行有效的法规范为最佳范本，但又不囿于此，对既往法规范的版本的梳理可以使得学术研究具有历史的视野，在规范内容的演进中发掘行政机关认定方案的变迁。由此，本书将全面梳理我国 1990 年实施的《行政诉讼法》(以下简称旧《行政诉讼法》) 和 2015 年实施的《行政诉讼法》(以下简称新《行政诉讼法》) 中的相关规定。接着，从规范内容所处的“诉讼参加人”的章节来看，我国行政机关的认定基本是从行政诉讼程序的角度展开的，这可能在便利诉讼等内容事项上具有明显的优势，却在概念之于学科独立的意义、学术体系的统筹等方面存在不足，并可能出现与行政主体的概念或相互替代或严重错位的后果。

一、行政机关认定的法规范

不管是在旧《行政诉讼法》中还是新《行政诉讼法》中，被告适格均是提起行政起诉所必需的要件，二者分别在第41条、第49条规定，提起诉讼应当符合下列条件："……（二）有明确的被告；……"尽管新《行政诉讼法》中有关法律、法规、规章授权组织可以成为被告的问题，[1]但一方面这一现象可以通过功能意义上的解释将行政机关和授权组织全部纳入行政机关的范畴；另一方面，纵观行政诉讼的现实状况，行政机关成为被告属于占绝对地位的现象。因此，本书仍以行政机关的认定为研究对象。对于如何确定被告，法规范也提供了相应的认定方案。与本书研究相关的是，新、旧《行政诉讼法》均规定：公民、法人或者其他组织直接向人民法院提起诉讼的，作出（具体）行政行为的行政机关是被告。[2]然而，这仅是以行政机关的成立为前提作出的一般性规定，缺少对行政机关认定的具体规则。继续翻阅立法文本，旧的《行政诉讼法解释》[3]在其第20条规定，"行政机关组

---

[1] 新《行政诉讼法》第2条第2款规定：前款所称行政行为，包括法律、法规、规章授权的组织作出的行政行为。这表明，在行为的意义上，授权组织与行政机关分别不大。同时，从这一单独规定来看，最为常见的行为主体仍是作为一般规定的第1款中所规定的行政机关和行政机关工作人员。

[2] 新《行政诉讼法》在出台时将旧《行政诉讼法》该条款中的"具体行政行为"改为了"行政行为"，但这对本书的研究不产生影响。

[3]《最高人民法院关于适用〈中华人民共和国行政诉讼法〉若干问题的解释》，法释[2000]8号。

建并赋予行政管理职能但不具有独立承担法律责任能力的机构，以自己的名义作出具体行政行为，当事人不服提起诉讼的，应当以组建该机构的行政机关为被告。行政机关的内设机构或者派出机构在没有法律、法规或者规章授权的情况下，以自己的名义作出具体行政行为，当事人不服提起诉讼的，应当以该行政机关为被告。”第 1 款中，通过这类机构不能成为适格被告的结论可以反推出，独立承担法律责任能力是行政机关必备的条件之一，这可以概括为“责任能力”要件。第 2 款中，没有得到授权的内设机构和派出机构之所以未能成为适格被告，其原因即是缺少行政权力，可以概括为“行为主体”要件。这两大要件无论是在“三要件说”[1]或“四要件说”[2]中，都是核心的构成内容。

---

[1] 代表研究参见杨小军：《我国行政诉讼被告资格认定标准之检讨》，载《法商研究》2007 年第 1 期。该文中提到，根据我国行政法学界的通说，我国在认定行政诉讼被告的资格时采用的是三主体合一的标准：行政主体、行为主体和责任主体。还可参见杨小军：《行政诉讼原告与被告资格制度的完善》，载《行政法学研究》2012 年第 2 期；宋雅芳：《论行政诉讼被告资格范式的重构》，载《甘肃政法学院学报》2006 年第 4 期。

[2] 代表研究参见江必新主编：《〈最高人民法院关于审理政府信息公开行政案件若干问题的规定〉理解与适用》，中国法制出版社 2011 年版，第 57 页。作者认为，行政诉讼的被告应具备四个要件：第一，须是具有国家行政管理职权的机关或组织；第二，须是原告认为其做出的具体行政行为或不作为侵犯合法权益而被起诉的机关或组织；第三，须是能够独立承担法律责任的机关或组织；第四，须是由人民法院通知其应诉的机关或组织。可以看出来，这是在“三要件说”的基础上增加一个程序要件，没有实质不同。

其后，虽然新《行政诉讼法解释》[1]在第二十四条中明确了村民委员会、居民委员会、事业单位、行业协会等组织在授权情形下的适格被告地位，但仅就规范内容来看，行政机关的认定尚缺少明确的判断标准。

由上可以看出，我国关于行政机关认定的法定内容包括：行政机关的认定与行政诉讼被告之间存在着很大程度上的重合关系。也即，只要某一组织属于行政机关的范畴，其也就符合了被告的要件。同时，考虑到行政机关最初是当时由整个行政法学体系展开的基础性概念，[2]上述结论的同一表述即是行政主体的存在成为适格被告的前提要件，“谁主体、谁被告”的提法即是这一现象的集中体现，[3]这在学者的研究中也已经得到印证。[4]有的研究开门见山地指出，一直以来，关于行政诉讼被告资格问题，国内学界以及司法实践中普遍认为行政诉讼被告资格乃是行政主体资格，即依据我国现行法律只有行政主体才有资格成

---

[1]《最高人民法院关于适用〈中华人民共和国行政诉讼法〉若干问题的解释》，法释[2018]1号。

[2] 参见沈岿：《重构行政主体范式的尝试》，载《法律科学》2000年第6期，第39—50页。

[3] 参见张树义：《冲突与选择：行政诉讼的理论与实践》，时事出版社1994年版，第34页。

[4] 比如有的学者提出认为：“在我国行政法学研究中，行政诉讼的被告与行政主体之间存在着一种有趣而又无奈的联系。”参见张力：《社会行政中行政诉讼被告模型的重构——对“中国博士招考第一案”的再思考》，载《研究生法学》2007年第6期。

为行政诉讼被告。[1]发展到旧《行政诉讼法》的实施，我国又将作为舶来品的行政主体概念引入到行政法学中，[2]其主要目的即是解决在将要施行的法规范中如何确定行政诉讼的被告问题。这样一来，行政主体的概念在宣示学科研究对象的独立性和统筹学科体系的融贯性上就显得不足，即便是确定被告的做法，也很可能存在着缺漏和失误。比如，当某一社会组织承担了行政机关本应承担的社会管理、公共服务职能时，从主体角度即予以排除的做法恐怕有待商榷，因为这种做法会引起行政权力未得到必要控制的后果，从而违逆了行政诉讼法的立法初衷。

行政机关的认定采取的一般是程序式的认定方案，并在程序式方案之下隐藏着对于行政法适用空间的关切。如上所述，行政机关以及后来的行政主体概念，在很大程度上与行政诉讼中被告的确定具有高度重合性。这一现象体现出，在我国关于行政机关认定的过程中，更多的是程序性的。审阅行政诉讼的过程，行政相对人提起诉讼的要件之一是有明确的被告，且是适格的被告。接着，其向具有管辖权的法院提交起诉材料时，经过立案部门审查，最终决定立案受理或者裁定不予受理。即便是一时不能决定是否受理的情形，也仅仅是暂时受理或者要求补正材料。在这一流程中，法院对于适格被告是否是行政机关的判断，始终是程序性的，既未经过开庭程序的辩论，也未经法院

[1] 参见姜明安主编：《行政法与行政诉讼法》（第四版），北京大学出版社、高等教育出版社 2011 年版，第 511 页。

[2] 参见王名扬：《法国行政法》，中国政法大学出版社 1989 年版，第 38 页。

的实体裁判。与此同时，在程序式认定的方案中，既关系到被告资格的认定，又对行政法的适用空间有所影响。概言之，待判断组织本身能否成为行政（诉讼）法规制的对象，直接取决于其是否构成行政机关，也就是上述提及的被告资格问题。如此，程序式认定方案之中还包含着实体认定的空间和做法。譬如，有些法院将那些性质不明、模棱两可的非政府组织视为行政机关加以对待，并在实体判决中对该组织是否承担相关的法定义务作出判断，类似田某诉北京科技大学拒绝颁发毕业证、学位证案[1]等，这一方面解决了个案中的被告问题，另一方面还在行政法的意义上作出了一对于廓清适用范围的尝试。

综上所述，经过规范分析，我国行政机关认定的主要目的是解决行政诉讼中适格被告的确认问题。由此，行政机关与行政主体一样，均成为行政诉讼适格被告的前提要件，具有高度重合性。同时可以发现，行政机关的认定一般属于程序式的认定，并带有对于行政法适用空间实体问题的关切，这与前文所研究的美国联邦层面的实体认定方法既紧密联系，又有所区别。

二、程序式认定的难题

就行政机关的认定而言，新《行政诉讼法》及其解释与旧《行政诉讼法》及其解释的规定相差甚少。因此，二者在实施过程中所可能带来的问题也是相仿的，都可能在被告的确定、被告的范围方面存

[1]《中华人民共和国最高人民法院公报》1999 年第 4 期。

在难题，并与已有的其他规范内容和诉讼现实之间存在着一定的紧张关系。

首先，现行法规范下，被告的确定可能会因为规定自身的复杂性、社会组织的多元治理等现象而出现难题。有学者认为，现行法定的被告确定制度在实践中存在诸多问题：第一，行政不作为的行政诉讼被告问题。第二，多阶段行政行为的行政诉讼被告问题……[1] 为此，有学者认为，《行政诉讼法》对于被告资格的规定过于复杂，建议简化被告确定规则，不妨实行一级政府原则，由作出行政行为的行政机关所属的政府为被告。[2] 查看新《行政诉讼法》第 26 条的规定，除了第 1 款本身存在着行政机关如何认定的问题之外，其余 5 款分别针对经复议的案件、共同行政行为、行政委托行为、行政机关变更等特殊情况作出了细致规定，总体上形成了"1+5"的规范体系。然而，过于缜密的另一面是繁琐，这样的规定无疑会加重当事人、法院的认知难度和操作负担，这也是相关意见提出实行一级政府原则的原因所在。当然，一级政府原则这样的做法能否站得住脚，还需要进行深入论证。

其次，不管是专家学者，还是政府部门，都认识到了当前被告范围受制于行政主体的概念而过于狭窄的问题，且无法为已经出现的社会现象提供具有解释力的回应。当前被告范围过于狭窄的事实，已被

1　参见江必新主编：《〈最高人民法院关于审理政府信息公开行政案件若干问题的规定〉理解与适用》，中国法制出版社 2011 年版，第 59 页。

2　参见全国人大常委会法制工作委员会行政法室编：《行政诉讼法立法背景与观点全集》，法律出版社 2015 年版，第 46 页。

不少学者所注意到。[1]具体来看，第一类意见从行政权的角度入手，有的认为类似高等学校、村民委员会、行业协会等一些公务法人和组织被赋予了部分行政职能，应允许其作为行政诉讼的被告。[2]有的认为应当将所有行使公共管理职能的社会组织和基层自治组织统统纳入行政主体的范畴。[3]第二类意见从管理关系的角度入手，有的认为应当将那些具有纵向管理关系的组织明确规定为可以成为被告的组织，比如村委会、行业协会、业主委员会、学校等。[4]有的认为应当明确村委会、居委会、行业协会等社会自治组织可以当行政诉讼被告，来解决一些农村土地、农村房屋拆迁、计划生育等问题。[5]更为详细的意见认为，一些社会团体如各种协会依照法律或者其章程对其成员作出的罚款、吊销许可证等处罚，或者行政给付等事项，如足球协会等足球俱乐部作出处罚。残疾人联合会给付残疾人参加培训学费等行为；自治组织如村民委员会依照村规民约对其成员的权利作出限制或拒不履行法律规定的职责。这些社会团体、自治组织不是行政机关，但其行为对公

[1] 参见周伟：《我国现行行政诉讼被告确认规则之反思》，载《河南省政法管理干部学院学报》2005 年第 4 期。

[2] 参见全国人大常委会法制工作委员会行政法室编：《行政诉讼法立法背景与观点全集》，法律出版社 2015 年版，第 96 页。

[3] 参见全国人大常委会法制工作委员会行政法室编：《行政诉讼法立法背景与观点全集》，法律出版社 2015 年版，第 60 页。

[4] 参见全国人大常委会法制工作委员会行政法室编：《行政诉讼法立法背景与观点全集》，法律出版社 2015 年版，第 75 页、84 页。

[5] 参见全国人大常委会法制工作委员会行政法室编：《行政诉讼法立法背景与观点全集》，法律出版社 2015 年版，第 103 页。

民、法人或者其他组织的人身权、财产权等合法权益产生了实质影响，而且在现行诉讼体制下得不到有效救济。建议增加行使公共权力的社会团体、自治组织可称为行政诉讼被告的规定。[1]

最后，已有的其他法规范已经为行政主体以外的组织成为被告提供了法律依据，这对《行政诉讼法》上的规定提出了挑战。更有甚者，越来越多的法院也开始为非政府组织成为适格被告打开通道，这从实践的角度为法规范的规定提供了有力反馈。当前，公共企事业单位根据新《行政诉讼法》的规定一般尚不能够成为行政诉讼的适格被告，然而在信息公开诉讼中，根据旧《政府信息公开条例》第 37 条[2]的规定，公共企事业单位是政府信息公开义务的承担主体，虽然在具体操作时与前 36 条的行政机关、授权组织有差异。[3]《最高人民法院关于审理政府信息公开行政案件若干问题的规定》的制定过程中也因双方意见争执不下而放弃作出"公共企事业单位信息公开案件参照本规定"的规定，[4]但是在后续的行政争议中公共企事业单位被证明可以成为行

---

[1] 参见全国人大常委会法制工作委员会行政法室编:《行政诉讼法立法背景与观点全集》，法律出版社 2015 年版，第 150—151 页。

[2] 旧《政府信息公开条例》第 30 条规定：教育、医疗卫生、计划生育、供水、供电、供气、供热、环保、公共交通等与人民群众利益密切相关的公共企事业单位在提供社会公共服务过程中制作、获取的信息的公开，参照本条例执行，具体办法由国务院有关主管部门或者机构制定。新《政府信息公开条例》的规定已作改变。

[3] 参见朱芒:《公共企事业单位应如何信息公开》，载《中国法学》2013 年第 2 期。

[4] 参见江必新主编:《〈最高人民法院关于审理政府信息公开行政案件若干问题的规定〉理解与适用》，中国法制出版社 2011 年版，第 74 页。

政诉讼的适格被告。“中国联合网络通信有限公司南阳分公司与王聚才不履行信息公开答复职责纠纷上诉案”[1]和“张某不服北京市西城区房屋土地经营管理中心政府信息公开行为案”[2]可以为此提供判例支撑，而学者关于从行政任务角度对行政机关进行认定的论述[3]则提供了充足的学理支持。除此以外，高等学校在行政诉讼中出现了向适格被告转化的现象。虽然在很长一段时间内司法审查无法介入高校，但是自田某诉北京科技大学拒绝颁发毕业证、学位证行政诉讼案[4]以来，后续出现了很多的同类或者类似案件，以至于当前对于高校在一定条件下可以成为被告的观点已经成为理论界和实务界的共识。

所以，就现行的法律规定而言，还存在着被告认定困难、被告范围过窄以及规范与实践相冲突的现象，这一方面反映出规范本身存在着相应的问题，另一方面也提示我们应该进一步从实证研究的角度来进一步展开分析，力求真实、准确地展现出行政机关认定的中国面貌。

---

[1] 参见（2011）南行终字第78号行政判决书。

[2] 参见中华人民共和国最高人民法院行政审判庭编:《中国行政审判案例（第4卷）》，中国法制出版社2013年版，第24—29页。

[3] 参见葛云松:《法人与行政主体理论的再探讨——以公法人概念为重点》，载《中国法学》2007年第3期。

[4]《中华人民共和国最高人民法院公报》1999年第4期。

第二节　行政机关认定的判例体现

在法规范的实施过程中，出现大量涉及被告认定难题的判例，这在很大程度上也属于对于何为行政机关的争议，主要体现为大量的“非政府组织”与公众产生纠纷时是否可以构成诉讼中的适格被告问题，包括村民委员会、行业协会、高等学校等。这些组织能否认定为行政机关并成为适格被告，关系着被告范围的宽狭，也体现出法院在法解释上的取向与价值。需要交代的是，本节中将我国最高人民法院请示答复中关于被告资格的内容也列为研究对象，主要是考虑到这些请示答复本身也是针对个案而产生并会运用到个案中去，至于请示答复本身的是非对错以及其可能产生的类似于法规范的功能，则不在本书的研究之列。

一、请示答复中的司法判断

在我国最高人民法院的请示答复中，涉及行政诉讼中适格被告的有两条，分别涉及中国人民银行分支机构和商业银行等机构性质的认定，具体内容为：

在《最高人民法院办公厅关于中国人民银行分支机构是否具有行政诉讼主体资格问题的复函》[1]中，最高人民法院认为当事人对人民银行分支机构依法律授权作出的金融监管的具体行政行为不服提起行政诉讼的，应当以中国人民银行分支机构为被告。也即，最高人民法院在此认可中国人民银行分支机构属于法律、法规授权组织，从而属于适格被告。

在《最高人民法院关于诉商业银行行政处罚案件的适格被告问题的答复》[2]中，北京市高级人民法院就商业银行是否具备被告资格的难题提出了请示。[3]请示涉及了北京达明伟业经贸有限公司诉中国人民银行行政处罚纠纷上诉案、北京思曼百浪工贸有限公司诉中国人民银行行政处罚纠纷上诉案，两桩案件均涉及商业银行依据《票据管理办法》《支付结算办法》对企业做出行政处罚，其中前者争议的核心问题是中国建设银行石景山支行是否是行政诉讼的适格被告，后者争议的核心问题是北京市商业银行股份有限公司新街口支行是否是行政诉讼的适格被告。从法规范的适用角度来看，两案的共同争议焦点为《支付结算办法》[4]第239条关于"对单位和个人承担行政责任的处罚，由中国人

[1] 法办［2002］119号。

[2]［2003］行他字第11号。

[3] 京高法［2003］191号。

[4] 银发［1997］393号。

民银行委托商业银行执行”的规定是否可以解释为商业银行行使的行政处罚权力来源于中国人民银行的行政授权。虽然在中国人民银行的答复中该条被解释为石景山支行和新街口支行作出行政处罚权力具备来源于中国人民银行行政规章的授权，[1]但是北京市高级人民法院在审判时仍然存在着两种截然相反的意见。[2]第一种意见是“肯定说”，认为应当由商业银行做被告，理由是虽然我国只规定了法律、法规授权的组织实施行政行为时，被授权的组织是被告，而未对规章授权的情形作出规定，但最高人民法院《关于〈执行中华人民共和国行政诉讼法〉若干问题的解释》第21条的规定事实上承认了行政机关在规章规定的情况下授权其内设机构和派出机构或者其他组织行使行政职权的应当视为规范授权，当事人不服提起诉讼的，应当以实施该行为的机构或者组织为被告。第二种意见是“否定说”，认为应该以中国人民银行营业管理部为被告。在该观点下，存在着两类不同的理由，一是《支付结算办法》第239条的规定既然是“委托商业银行执行”，那么行政处罚的责任应当由委托方承担，即中国人民银行营业管理部方能构成适格被告。二是我国只认可法律、法规可以授权具有管理公共事务职能的组织实施行政处罚权，而规章不可以授权。因此，商业银行的行政处罚没有法律授权，中国人民银行委托商业银行实施行政处罚的行政委托行为无效。相应地，商业银行行政处罚的后果也应该由中国人民

[1] 银函［2003］111号。

[2] 以下内容的法律依据是旧《行政诉讼法》及其解释。

银行营业管理部来承担。在这些争议和判断中，北京市高级人民法院认可了中国人民银行营业管理部具备被告资格的观点，并以行政委托关系的存在作为理论的基础。对此，最高人民法院表示认可：商业银行受中国人民银行的委托行使行政处罚权，当事人不服商业银行行政处罚提起行政诉讼的，应当以委托商业银行行使行政处罚权的中国人民银行分支机构为被告。可以看出，北京市高级人民法院和最高人民法院均是从文义解释的方法对《支付结算办法》第 239 条展开论述的，并从行政委托与法律、法规授权的比较中得出了最终的结论。

从被告资格的角度来看，上述两份请示答复共同对中国人民银行分支机构是否可以成为适格被告的问题作出了肯定的回答，毕竟其可以被归入法律、法规授权组织的行列。但是，这样的决定是否逻辑自洽，值得反思。商业银行对于企业作出的行政惩罚，属于行政权行使的行为，而中国人民银行分支机构也在授权范围内行使行政权，性质上类似的行为却出现前者无法构成适格被告进入诉讼程序而后者可以的结果，属于同一情况不同对待。再者，关于规章授权是否构成授权的问题，彼时旧《行政诉讼法》未对此作出规定，导致现实中的该类现象无法构成授权，而当前新《行政诉讼法》第 2 条已经将规章授权的组织纳入行政行为的主体，自然也就可以成为后续争议中的适格被告。

从行政机关认定的视角来看，两份司法解释中虽然涉及的均是法律、法规授权组织，但从商业银行与中国人民银行营业管理部中因为委托关系、规章授权关系而无法成为适格被告的判断中看，行政权力、以自身名义作为的能力和独立的责任能力均属于行政主体的构成要件。同时，考虑到法规范并未提供明确的认定方案，司法解释中的内容将会起到非常重要的作用。

二、典型判例的司法判断

在司法解释以外，实际判决中还会出现更为复杂、多元的情况，因此有必要对其进行梳理和研究。同时，为了更方便地梳理判决，本书接下来将以《最高人民法院公报》《中国行政审判（指导）案例》[1]第一至四册的相关判例为研究对象，对判决中行政机关认定的内容进行梳理和研究。

高等学校是否能够成为适格被告。在我国的很长一段时间内，高校不能成为行政诉讼被告的观点十分流行。根据当时的制度，教师、学生在与高等学校产生类似处分、许可等关系时，一旦发生争议，须向首先向教育行政部门提起申诉，接着再以对申诉处理不服为由，以教育行政部门为被告，向法院提起行政诉讼。[2]但是，这一情况在后续的司法实践中已经得到改善。在田某诉北京科技大学拒绝颁发毕业证、学位证行政诉讼案[3]中，原属于北京科技大学本科生的田某因为

[1] 笔者将这部分案例中的评析，看作是最高人民法院认可的内容或者“视为”最高人民法院在面对这类案件时会作出的判决，在此特别说明。

[2] 参见全国人大常委会法制工作委员会行政法室编：《行政诉讼法立法背景与观点全集》，法律出版社 2015 年版，第 120 页。

[3]《中华人民共和国最高人民法院公报》1999 年第 4 期。

考试作弊而被学校开除，并因此而无法获颁毕业证和学位证，田某不服遂起诉。该案的争议焦点虽然是田某是否具有学籍，但考虑到行政诉讼得以进行的前提之一是双方当事人的适格，而本案中存在高等学校做被告的特殊情形，因此，“一个并非两造当事人争执焦点的问题，实际上成了本案的焦点”。[1] 在该案判决中，法院首先认为，“在我国目前情况下，某些事业单位、社会团体，虽然不具有行政机关的资格，但是法律赋予它行使一定的行政管理职权。这些单位、团体与管理相对人之间不存在平等的民事关系，而是特殊的行政管理关系。他们之间因管理行为而发生的争议，不是民事诉讼，而是行政诉讼。尽管《中华人民共和国行政诉讼法》第 25 条所指的被告是行政机关，但是为了维护管理相对人的合法权益，监督事业单位、社会团体依法行使国家赋予的行政管理职权，将其列为行政诉讼的被告，适用行政诉讼法来解决它们与管理相对人之间的行政争议，有利于化解社会矛盾，维护社会稳定”。接着，法院引用《中华人民共和国教育法》第 21 条、22 条的规定和《中华人民共和国学位条例》第 8 条的规定认为，北京科技大学行使的是行政权力，应当适用《行政诉讼法》予以解决。可以看出，法官在本案中将高等学校认定为代表国家行使有关教育行政权力的组织，实质上在这些事项上将高等学校转化为法律法规授权的组织，从而属于行政主体和适格被告，这一点在后

[1] 沈岿:《扩张之中的行政法适用空间及其界限问题——田永诉北京科技大学案引发的初步思考》，载《行政法论丛》第 3 卷，法律出版社 2000 年版。

续的褚某诉天津师范大学不履行授予学位证法定职责案[1]中体现得更为明显。该案中，被告天津师范大学认为授予学位是学术评价，学校不是行政机关，也不应由法院进行司法审查。概言之，其认为这不是行使行政权力的行为。然而，一审天津市第二中级人民法院认为，天津师范大学是国务院授权的学士学位授予单位，其代表国家行使对受教育者授予学士学位、颁发学士学位证书的职权。[2]二审天津市高级人民法院对此作了强调，认为天津师范大学有代表国家行使对受教育者授予学士学位、颁发学士学位证书的主体资格和法定职权。[3]这就非常明确地主张，高等学校在某些事务上是法律法规授权的组织，明显属于行政主体和适格被告的范畴。反过来看行政机关的认定，行政职权无疑是法院的认定中心，这在最高人民法院对褚某案的点评中可以得到力证。[4]

事业单位法人是否属于行政诉讼被告。该问题是诸多政府机关、法院和律师非常关心的问题，因为其在很多场合中影响到行政权力的控制和行政相对人合法权益的实现。[5]在王某某诉河北省产权交易中心

---

[1] 参见中华人民共和国最高人民法院行政审判庭编：《中国行政审判指导案例（第1卷）》，中国法制出版社2011年版，第22—26页。

[2]（2004）津二中行初字第12号行政判决书。

[3]（2004）津高行终字第0044号行政判决书。

[4] 参见中华人民共和国最高人民法院行政审判庭编：《中国行政审判指导案例（第1卷）》，中国法制出版社2011年版，第25页。

[5] 参见全国人大常委会法制工作委员会行政法室编：《行政诉讼法立法背景与观点全集》，法律出版社2015年版，第150—151页。

国有资产管理行政信息公开案[1]中，两造双方的争议焦点是作为事业单位法人的河北省产权交易中心是否属于适格被告。一审和二审均认为，根据《河北省企业国有资产产权交易管理暂行规定》第8条、第9条的规定，被告不仅具有为产权交易提供服务的中介身份，而且具有对产权交易活动相关事项进行管理的行政主体身份，属于规章授权的具有行政职权的组织。[2]最高人民法院也认可本案的核心问题是河北省产权交易中心是否具有行政诉讼被告的主体资格问题，并认为其是行政机关依法成立的“组织”。同时，即便其不属于法律法规授权的组织，但部门规章和地方规章授权的组织也具备行政职能，可以成为行政诉讼中的适格被告。因此，最高人民法院在该案中除了将行政职能确定为行政主体的要件之外，还在旧《行政诉讼法》及其解释仍然生效的情况下将授权的条件扩展到行政规章上，这实质上扩大了法律法规授权组织的范围。

公共企事业单位是否能够成为政府信息公开行政诉讼中的适格被告。如前所述，旧《政府信息公开条例》第37条将提公共服务的供水、供电、供气、供热、教育、医疗、环保等公共企事业单位参照行政机关承担政府信息公开义务，这即在规范层面确立了公共企事业单位可能成为信息公开诉讼被告的制度。同时，实践中有的行政机关也

---

[1] 参见中华人民共和国最高人民法院行政审判庭编:《中国行政审判案例（第3卷）》，中国法制出版社2013年版，第27—32页。

[2]（2008）新行初字第13号行政判决书、（2008）石行终字第135号行政判决书。

建议将这些公共企事业单位纳入行政诉讼被告的范围。[1] 在张某不服北京市西城区房屋土地经营管理中心政府信息公开案[2] 中，根据最高人民法院的评析，争议焦点是北京市西城区房屋土地经营管理中心是否可以成为行政诉讼中的被告。[3] 最高人民法院总体上认为，北京市西城区房屋土地经营管理中心负责直管公房的经营、管理、服务工作，负责租金的收缴等与公房有关的事项，因此，其属于广义上法律、法规授权的行政主体，负有公开相关政府信息的义务和职责，并能够独立承担相应责任，因此构成政府信息公开行政诉讼的适格被告。在说理部分，最高人民法院还将一般意义上行政诉讼被告的确定规则明确提了出来，即行政主体、行为主体与责任主体的“三主体合一”标准。可以看出，除了给出公共企事业单位可以成为行政诉讼被告的结论以外，最高人民法院还在此建立了普遍适用的规则，这与行政主体的认定标准仍然具有很大程度上的重合，也反过来证明了上文所述的二者在涵盖范围上的紧密联系。

综上所述，典型判决中对于高等学校、事业单位法人和公共企事

[1] 参见全国人大常委会法制工作委员会行政法室编：《行政诉讼法立法背景与观点全集》，法律出版社 2015 年版，第 120 页。

[2] 参见中华人民共和国最高人民法院行政审判庭编：《中国行政审判案例（第 4 卷）》，中国法制出版社 2012 年版，第 24—29 页。

[3] 之所以如此概括，一则因为本案原告最初是以北京市西城区人民政府为被告提起诉讼的，一审法院立案受理后经合议，认为本案应当以被诉政府信息告知行为的作出主体即北京市西城区房屋土地经营管理中心为被告。二则是最高人民法院在评析中的绝大部分内容都是关于土地经营管理中心性质的讨论。

业单位等三类形式上显然不属于行政机关但实际上行使行政权的组织作出了认定，将它们纳入了行政主体的范畴，也符合了适格被告的要求。不过，尽管这些案件均与最高人民法院有着非常密切的关系，但仍然频繁出现相互不一致的内容，这也体现出法规范留白的情形下行政机关认定的困难和争议。

第三节　美国经验的相关借鉴

通常来说，我国行政法对于行政机关的认定需求与行政诉讼中被告的确定具有非常密切的关系。同时，这也是组织法上作为基础的、常见的命题，体现出该问题在整个行政法体系中举足轻重的规范地位。本书的研究，如前所述，除了总结出美国法上行政机关认定的两大司法标准——“行政职能”标准与“监管关系”标准以外，还对标准背后的原理进行了抽取和归纳。一般认为，行政机关在国家—社会的二元关系中处于核心地位，不管是将待判断的组织在功能上视为行政机关还是通过行政机关实质监管关系的存在将待判断的组织作为下属单位那样对待，都显现出公私关系混合的场合中，行政机关承担着划分彼此又弥合彼此的事实功能。再者，控权原则本身经历了主体标准向行为标准的演化。[1]最初，控权原则对于私主体的活动采取的是明确排

[1] 参见杨欣:《美、英司法审查受案标准的演化及其启示——以私人承担公共职能为考察对象》，载《行政法学研究》2008 年第 1 期。

除的态度，而随着公私双方的合作日益宽泛、深入，旧有的控权方案已经无法适应现实的需求，甚至有被架空的危险。基于此，标志性案件的出现和积累实际上代表了控权原则向承担公共任务私主体的渗透，这是具有明显进步意义的，对于行政机关及其行政权的合法性提供了重要保证。这两者的相互结合，促成了公共任务合作承担的空间与规则，一方面是自由，私主体在法无禁止的情况下可以有效、有力地承担本属于行政机关的行政事务，另一方面又确立了行为的规则和运行机制，在有所保障的同时也有所限制，实质上为私主体承担公共任务提供了正当性和合法性，并与效率、市场化运作方式之间达成了有益的平衡。

在认定标准及其变迁的背后，还存在着多样的影响因素。就美国法而言，其“三权分立”的政治架构中考察相关影响因素显然有很大的优势，既可以体现法的运行规律，又能在相对繁芜的诸多因素中抽茧剥丝，更能把握住问题的主因和关键。由此管窥，立法的演进在影响了规范依据的同时，还伴随着立法目的的变迁，这对行政机关的认定具有决定性的影响。其次，司法判决，特别是标志性案件的出现及其积累，共同为认定标准的萌芽和确立提供了具体内容，司法的判断也可能成为一段时间内能够反复适用的结论，并最终形成判例法。当然，上述两者的诱因均是行政任务属性的变化，这既包括行政任务在数量上的增多，也包含行政任务分工的精细化现实，两者均对行政机关的认定提出了挑战，也为行政机关认定成为实务和研究的命题提供了不可多得的契机。就中国而言，与美国相似的是经济上的发展及其所带来的社会组织承担行政任务的问题，有的学者称之为“行政权的社会化”问题。[1]举例而言，新近出现的福利提供、专业咨询、拍违有奖等活动自然属于明显的事例，就连传统上只能由代表国家行使权力的行政机关作出的行为，如消防活动、警察治安、道路工程等活动也越来越多地可以发现社会组织的身影。可以这么讲，我国当前面临的上述问题与美国历史上曾出现的问题具有同质性。

因此，通过对行政机关认定的比较法研究，对于中国同类问题的解决而言，应在充分关照两国在政治制度、社会架构等方面的不同之处的基础上，探索在政策层面和规范层面可能的问题解决方案，以解决行政诉讼被告争议的同时，将美国经验为起点充分考量我国行政法整体制度的改进。在政策视角中，行政机关认定问题的解决涉及公权、私权的划分及相应义务的承担或者排除，体现出国家对于公民财产权的重视程度和保障力度，也体现出政策的朝向和初衷。在规范的完善上，司法对于行政的监督及其边界可以在行政机关认定的过程中得到呈现，这直接影响到行政诉讼的受案范围和被告范畴，对于我国同类问题的解决具有立法借鉴的作用，也有法解释上的帮助。最后，行政机关认定的原理在我国既有的实践中或多或少地也得到了验证，反映出国家层面对于权力边界、效率—公平等价值的重视，实际上这也是美国法上同样关切的问题。

[1] 参见胡晓玲：《行政权社会化的边界界定理论探析》，载《行政与法》2015 年第 1 期。

另外，应当注意的是，除了国体、政体等国家架构和社会构成有很大的区别之外，美国法上的内容与中国本土的实践也有一些相异之处：美国法上的认定标准都源于法院确定公法义务承担主体的需要，属于从实体法上将待判断的组织纳入或者排除出行政机关的范畴开展的工作。然而，我国的做法是以法院确定行政诉讼中被告为基础，力求在立案阶段就将行政机关的成立与否进行一次判断，因而更多的是属于从程序角度展开的认定。因此，中美两国在行政机关认定问题上的经验互通，还需要从更为周全的角度、更为充分的考虑出发，方能制定出切实、有效的解决方案，并尽可能避免出现“水土不服”和强硬嫁接等负面效果。

第四节　小结

通过对美国行政机关认定的标准梳理，本书以规范为基础梳理了美国联邦层面行政机关认定的演变进程。可以看出，随着行政机关在数量上的扩张和权力上的扩展，行政机关认定的难题成为亟须解决的瓶颈问题。之后，在公共物品及服务供给的过程中，国家—社会的藩篱被逐渐突破，私主体越来越经常地成为公共任务的承担主体，这既是行政任务的繁杂引起的国家资源不足、能力不够所带来的客观需要，也是城市社会、福利行政的发展过程中逐步提出的现实状况，PPP、[1]合作治理的出现即是该问题的典型体现。在这一问题背后，需要着重考量的问题是如何运用最为有效的控权方案——司法审查——对私主体行使行政权力行为作出必要的规制。

以美国联邦层面行政机关认定的经验为借鉴，我国行政机关的认

[1] 该处指的是公私双方的合作情形，而与基础设施中的融资等指向不尽相同。

定主要是基于诉讼被告的确定需求，并在法规范、判例和多元实践的综合作用下呈现出当前的样貌。首先，法规范在变迁的过程中，关于行政机关认定的条款要么继续缺失，要么删去了已有的司法解释的内容，这为行政机关的认定带来了规范依据上的很大难题。与此同时，程序化的认定方案加剧了实践操作的难度，其使得行政主体与适格被告两个概念之间关系复杂的同时，还为被告的确定、范围等问题的解决带来了很大困惑。接着，从法规范的实施来看，司法解释和典型判例中的法解释为适格被告的确定提供了有益智慧，其将行政职权明确为行政主体的基本要件，并基于此将一些非政府组织纳入了行政主体的范畴。值得注意的是，典型判例还对原有的法律法规授权的规定进行了“超越式”的解释，将规章授权的组织也划为行政机关，这在旧《行政诉讼法》及其解释生效的时代来说是一大突破和创新。

参考文献

一、著作

（一）中文著作

[1] 王珉灿主编:《行政法概要》，法律出版社 1983 年版。

[2] 张兴祥、刘飞、朱芒、何海波:《外国行政程序法研究》，中国法制出版社 2010 年版。

[3] 罗豪才:《行政法论》，光明日报出版社 1987 年版。

[4] 姜明安:《行政法概论》，北京大学出版社 1986 年版。

[5] 应松年、朱维究:《行政法与行政诉讼法》，中国政法大学出版社 1985 年版。

[6] 王名扬:《法国行政法》，中国政法大学出版社 1989 年版。

[7] 张焕光、胡建淼:《行政法学原理》，劳动人事出版社 1989 年版。

[8] 张树义、方彦:《中国行政法学》，中国政法大学出版社 1989

年版。

［9］张尚鷟主编:《走出低谷的中国行政法学》，中国政法大学出版社1991年版。

［10］章剑生:《现代行政法基本理论（第二版）》，法律出版社2014年版。

［11］马英娟:《政府监管机构研究》，北京大学出版社2007年版。

［12］谭融:《西方国家官僚制比较研究》，中国社会科学出版社2013年版。

［13］王名扬:《美国行政法》，中国法制出版社1995年版。

［14］边燕杰、吴晓刚、李路路:《社会分层与流动：国外学者对中国研究的新进展》，中国人民大学出版社2008年版。

［15］季卫东:《法律程序的意义》，中国法制出版社2012年版。

［16］金自宁:《公法/司法二元区分的反思》，北京大学出版社2007年版。

［17］季卫东:《宪政新论——全球化时代的法与社会变迁》，北京大学出版社2005年版。

［18］凌维慈:《公法视野下的住房保障——以日本为研究对象》，上海三联书店2010年版。

［19］翁岳生编:《行政法》，中国法制出版社2002年版。

［20］章剑生:《现代行政法基本理论》，法律出版社2008年版。

［21］朱芒:《功能视角中的行政法》，北京大学出版社2004年版。

[22] 周雪光:《国家建设与政府行为》，中国社会科学出版社2012年版。

[23] 孙谦、韩大元:《世界各国宪法的规定：行政机关》，中国检察出版社2013年版。

[24] 任进:《行政组织法教程》，中国人民大学出版社2011年版。

[25] 杨向东:《建国初期（1949—1954年）行政组织法认识史》，山东人民出版社2013年版。

[26] 张迎涛:《中央政府部门组织法研究》，中国法制出版社2011年版。

[27] 李广宇:《政府信息公开诉讼：理念、方法与案例》，法律出版社2009年版。

[28] 王丛虎:《行政主体问题研究》，北京大学出版社2007年版。

[29] 汤喆峰:《行政主体法律制度重构：以行政体制改革为视野》，中国政法大学出版社2015年版。

[30] 应松年、王龙江:《美英德法日行政体制与组织法研究》，法律出版社2014年版。

[31] 章剑生:《现代行政法总论》，法律出版社2014年版。

[32] 章剑生:《现代行政法专题》，清华大出版社2014年版。

[33] 叶必丰:《行政法的人文精神》，北京大学出版社2005年版。

[34] 复旦大学资本主义国家经济研究所:《美国的政府机构》，上海人民出版社1972年版。

（二）中文译著

［1］［美］布雷耶等：《行政法：难点与案例》，中信出版社 2003 年版。

［2］［德］哈特穆特·毛雷尔：《行政法学总论》，高家伟译，法律出版社 2000 年版。

［3］［新西］迈克尔·塔格特：《行政法的范围》，金自宁译，中国人民大学出版社 2006 年版。

［4］［德］汉斯·沃尔夫、奥托·巴霍夫、罗尔夫·施托贝尔：《行政法》，高家伟译，商务印书馆 2002 年版。

［5］［美］奥内斯特·吉尔霍恩、巴瑞 B·鲍叶：《美国行政法和行政程序》，崔卓兰等译，吉林大学出版社 1990 年版。

［6］［美］杰瑞·马萧：《行政国的正当程序》，沈岿译，高等教育出版社 2006 年版。

［7］［古罗马］查士丁尼：《法学总论》，张企泰译，商务印书馆 1989 年版。

［8］［美］莫顿·霍维茨：《美国法的变迁：1780—1860》，谢鸿飞译，中国政法大学出版社 2005 年版。

［9］［美］萨瓦斯：《民营化与公私部门的伙伴关系》，周志忍等译，中国人民大学出版社 2002 年版。

［10］［美］朱迪·弗里曼：《合作治理与新行政法》，毕洪海等译，商务印书馆 2010 年版。

［11］［英］特伦斯·丹提斯、阿兰·佩兹，《宪制中的行政机关》，刘刚等译，高等教育出版社 2006 年版。

［12］［日］盐野宏：《行政组织法》，杨建顺译，北京大学出版社2008年版。

［13］［日］米丸恒治：《私人行政——法的统制的比较研究》，洪英等译，中国人民大学出版社2010年版。

［14］［美］斯图尔特：《美国行政法的重构》，沈岿译，商务印书馆2011年版。

［15］［日］大桥洋一：《行政法的结构性变革》，吕艳滨译，中国人民大学出版社2008年版。

［16］［日］大木雅夫：《东西方的法观念比较》，华夏等译，北京大学出版社2004年版。

［17］［意］罗道尔夫·萨科：《比较法导论》，费安玲等译，商务印书馆2014年版。

［18］［美］戴维·奥斯本、彼得·普拉斯特里克：《再造政府》，中国人民大学出版社2010年版。

［19］［美］E.S. 萨瓦斯：《民营化与公私部门伙伴关系》，周志忍等译，中国人民大学出版社2002年版。

［20］［美］戴维·B. 马格莱比、保罗·C. 莱特：《民治政府——美国政府与政治（第23版）》，吴爱明、夏宏图编译，中国人民大学出版社2014年版。

（三）英文著作

［1］Department of Justice, New Release, “Justice Department Seeks

20 percent Increase in FY 96 Budget to Reduce Violent Crime and Illegal Immigration"(6th Feb, 1995).

[2] Marver H.Bernstein, Regulatory Business by Independent Commission, Princeton University Press, 1955.

[3] William F. Fox, Jr, Understanding Administrative Law, Matthew & Bender, 1997.

[4] S. Comm. on Governmental Affairs, 96th Cong., The Federal Executive Establishment: Evolution and Trends(Comm. Print 1980).

[5] David E. Lewis and Jennifer L. Selin, Sourcebook of United States Executive Agencies, 2012.

[6] Kenneth Culp Davis and Richard J. Pierce, Jr., Administrative Law Treatise (Third Edition), Aspen Law & Business, 2000.

[7] Kathleen Thompson Hill and Gerald N. Hill, Encyclopedia of Federal Agencies and Commissions, Facts on file, Inc., 2004.

[8] Richard J. Pierce, Jr., Administrative Law Treatise (Fourth Edition), Aspen Law & Business, 2002.

[9] Richard K. Berg, Stephen H. Klitzman and Gary J. Edles, AnInterpretive Guide to Government in the Sunshine Act(2nd Edition), American Bar Association, 2006.

[10] Electronic Privacy Information Center, Marc Rotenberg, Harry A. Hammitt, Ginger McCall, John A. Verdi, Mark S. Zaid, Electronic Privacy Information Center, 2010.

[11] James T. O'Reilly, Federal Information Disclosure (2013-Volume 1), Thomson Reuters, 2013.

[12] Cuthbert W. Pound, Constitutional Aspects of Administrative Law, in the Growth of American administrative law, Thomas Law Book Co. 1928.

[13] Stephen G. Breyer and Richard B. Stewart, Administrative Law and Regulatory Policy, Aspen Publishers, 1992.

[14] Thomas K. Mc Crew, Prophets of Regulation, Harvard University Press, 1984.

[15] Ronald A. Cass, Colin S. Diver and Jack M. Beerman, Administrative Law: Cases and Materials, Wolters Kluwer, 2006.

[16] Kenneth C. Davis, Administrative Law and Government, West Publishing Co., 1960.

[17] William B. Gwyn, The Meaning of Separation of Powers, New Orleans, 1965.

[18] R. Pierce, S. Shapiro and P. Verkuil, Administrative law and Process, Foundation Press, 1999.

[19] Daniel E. Hall, Administrative law: Bureaucracy in a Democracy (3rd Edition), Prentice Hall, 2006.

[20] Administrative Procedure: A Handbook of Law and before Federal Agencies (2d ed), 1946.

[21] Report of the Committee on the Judiciary House of

Representatives On S.7, 79th Congress, 2d Session, Report 1980, 252 (1946).

[22] William F. Fox, Understanding Administrative Law, Lexis Publishing, 2000.

[23] George Kennedy, "How Americans Got Their Right to Know," The John Moss Foundation, 1996.

[24] Robinson, Gellhorn and Bruff, The Administrative Process, West Publishing Co., 1980.

[25] Freedom of Information Act Source Book: Legislative Materials, Cases, Articles, S. Doc. 93—82, 93d Cong., 2d Sess.

[26] Government in the Sunshine Source Book: Legislative History, Texts, and Documents, at 196, 94th Cong., 2d Sess. (1976).

[27] Harry A. Hammitt, Mark S. Zaid, John A. Verdi and Ginger McCall, Litigation under the Federal Open Government Laws, Electronic Privacy Information Center, 2010.

[28] Kenneth Culp Davis and Richard J. Pierce, Jr., Administrative Law Treatise (3d Edition), Little, Brown and Company, 1994.

[29] See James T. O'Reilly, Federal Information Disclosure (2013-Volume 1), Thomson Reuters, 2013.

[30] Louis Fisher, *Constitutional Law*, Carolina Academic Press, 2001.

[31] Willard Hurst, A History of the Principle Agencies of Law in the

United States, University of Wisconsin-Madison, 1948.

[32] Peter Woll, American Bureaucracy, W.W.Norton & Company. Inc., 1977.

[33] Leon Salomon, The Independent Federal Regulatory Agencies, H.W.Wilson Company, 1959.

[34] John Duffy and Michael Herz, A Guide to Judicial and Political Review of Federal Agencies, ABA Publishing, 2005.

[35] Cuellar, Mariano-Florentino, Governing Security: The Hidden Origins of American Security Agencies, Stanford Law Books, 2013.

[36] David E. Lewis, Presidents and the Politics of Agency Design: Political Insulation in the United States Government Bureaucracy (1946—1997), Stanford University Press, 2003.

[37] Oliver James, The Executive Agency Revolution in Whitehall: Public Interest Versus Bureau-Shaping Perspectives, Palgrave Macmillan, 2003.

[38] Gerard Henderson, The Federal Trade Commission: A Study in Administrative Law and Procedure, Yale University Press, 1924.

[39] Amanda Smullen, Translating Agency Reform: Rhetoric and Culture in Comparative Perspective, Palgrave Macmillan, 2010.

[40] Carol Harlow and Richard Rawlings, Law and Administration (3rd Edition), Cambridge University Press, 2009.

[41] Lester M. Salamon, Partners in Public Service, The Johns

Hopkins University Press, 1995.

二、论文

（一）中文论文

[1] 莫于川:《从城市管理走向城市治理：完善城管综合执法体制的路径选择》，载《哈尔滨工业大学学报（社会科学版）》2013 年第 6 期。

[2] 卢超:《通过市场主体实现住房保障之国家义务——美国包容性规划法律政策的启示》，载《比较法研究》2014 年第 5 期。

[3] 沈岿:《重构行政主体范式的尝试》，载《法律科学》2000 年第 6 期。

[4] 张尚鷟:《加强行政法学研究之我见》，载《政治与法律丛刊》1982 年第 3 期。

[5] 罗豪才、姜明安、湛中乐、陈端洪:《行政法学研究现状与发展趋势》，载《中国法学》1996 年第 1 期。

[6] 张树义:《行政主体研究》，载《中国法学》2000 年第 2 期。

[7] 薛刚凌:《我国行政主体理论之检讨——兼论全面研究行政组织法的必要性》，载《政法论坛》1998 年第 6 期。

[8] 李昕:《中外行政主体理论之比较分析》，载《行政法学研究》1999 年第 1 期。

[9] 杨解君:《行政主体及其类型的理论界定与探索》，载《法学评论》1999 年第 5 期。

［10］葛云松:《法人与行政主体理论的再探讨——以公法人概念为重点》，载《中国法学》2007年第3期。

［11］梁凤云:《关于行政主体理论的几个问题》，载《公法研究》2005年第1期。

［12］章剑生:《反思与超越：中国行政主体理论批判》，载《北方法学》2008年第6期。

［13］余凌云:《行政主体理论之变革》，载《法学杂志》2010年第8期。

［14］王锴:《行政组织法上若干概念之辨析》，载《河南省政法管理干部学院学报》2010年第4期。

［15］金国坤:《论社会管理新格局的形成与行政主体理论的变迁》，载《江淮论坛》2012年第1期。

［16］朱芒:《公共企事业单位应如何信息公开》，载《中国法学》2013年第2期。

［17］高秦伟:《对公众获取公用企业信息的法律分析》，载《行政法学研究》2010年第4期。

［18］马英娟:《监管机构与行政组织法的发展——关于监管机构设立根据与建制理念的思考》，载《浙江学刊》2007年第2期。

［19］高秦伟:《私人主体的信息公开义务：美国法上的观察》，载《中外法学》2010年第1期。

［20］王军:《美国信息自由法上“行政机关”之认定标准——基于判例的视角》，载《行政法学研究》2013年第2期。

［21］王军：《美国私主体承担信息公开义务的司法判定——行政作用范围的收缩及其对我国的启示》，载《行政法论丛》第15卷，法律出版社2014年版。

［22］高秦伟：《私人主体的行政法义务？》，载《中国法学》2011年第1期。

［23］刘飞：《试论民营化对中国行政法制之挑战》，载《中国法学》2009年第2期。

［24］金灿荣：《简析美国联邦行政机构的政治地位》，载《美国研究》1998年第2期。

［25］［日］片冈宽光：《美国的行政机关》，载《国外社会科学》1984年第10期。

［26］柳砚涛：《美国的行政诉讼制度》，载《国外法学》1988年第3期。

［27］王天华：《国家法人说的兴衰及其法学遗产》，载《法学研究》2012年第5期。

［28］朱芒：《依法行政：应依何法行政》，载《法学》1999年第1期。

［29］王军：《"政府信息"的司法认定》，载《华东政法大学学报》2014年第1期。

（二）英文论文

［1］Alejandro e. Camacho，Robertl. Glicksman，Functional

Government in 3-D, 51 Harvard Journal on Legislation 19（2014）.

［2］Mary Whisner, Some Guidance about Federal Agencies and Guidance, 105 Law Library Journal 385（2013）.

［3］Anne Joseph O'Connell, Bureaucracy at the Boundary, 162 U. Pa. L. Rev. 841（2014）.

［4］Sean Farhang, Public Regulation and Private Lawsuits in the American Separation of Powers System, 52 Am. J. Pol. Sci. 821（2008）.

［5］Kevin R. Kosar, Cong. Research Serv., RL30533, The Quasi Government: Hybrid Organizations with Both Government and Private Sector Legal Characteristics（2011）.

［6］Jim Smith, The Freedom of Information Act of 1966: A Legislative History Analysis, 74 Law Library Journal 231（1981）.

［7］Kenneth C. Davis, The Information Act: A Preliminary Analysis, 34 U. Chi. L. Rev. 761（1967）.

［8］Nicole B. Casarez, Furthering the Accountability Principle in Privatized Federal Corrections: The Need for Access to Private Prison Records, 28 U. Mich. J. L. Reform 269（1994—1995）.

［9］Anne H. Wright, The Definition of "Agency" Under the Freedom of Information Act as Applied to Federal Consultants and Grantees, 69 Geo L. J. 1223（1981）.

［10］Susan T.Stephenson, Government in the Sunshine Act: Opening Federal Agency Meetings, 26 Am. U. L. Rev. 154（1976—1977）.

[11] Edward C. Walterscheid, Access to Federally Funded Research Data under the Freedom of Information Act, 15 Rutgers Computer & Tech. L. J. 9(1989).

[12] Jennifer A.Bensch, Seven Years Later: Has Government Let the Sunshine in?, 61 Geo. Wash. L. Rev.1475 (1993).

[13] Jody Freeman, The Private Role in Public Governance, 75 N. Y. U. L. Rev. 543(2000).

[14] Cass R. Sunstein, Is the Clean Air Act Unconstitutional?, 98 Mich. L. Rev. 303 (1999).

[15] Richard B. Stewart, The Reformation of American Administrative Law, 88 Harvard Law Review 1667(1975).

[16] Marshall J. Berger and Gary J. Edles, "Established by Practice: The Theory and Operation of Independent Federal Agencies", 52 Admin. L. Rev. 1123 (2000).

[17] Jerry Mashaw, Federal Administration and Administrative Law in the Gilded Age, 119 Yale L.J. 1362(2010).

[18] Richard J.Pierce.Jr., Judicial Review of Agency Actions in a Period of Diminishing Agency Resources, 49 Admin. L. Rev. 61 (1998).

[19] Martin Shapiro, APA: Past, Present, Future, 72 Virginia Law Review. 447(1986).

[20] Theodore Sky, Agency Implementation of the Freedom of Information Act, 20 Admin. L. Rev. 445(1967—1968).

[21] William H. Allen, The Durability of the Administrative Procedure Act, 72 Va. L. Rev. 235 (1986).

[22] Jay M. Zitter, What is Agency Subject to Privacy Act Provisions (5 U.S.C.A. § 552a), 150 A.L.R. Fed. 521 (1998).

[23] Kevin W. Brown, What is "Agency" within meaning of Federal Sunshine Act (5 U.S.C.A. § 552b), 68 A.L.R. Fed. 842 (1984).

[24] Kenneth Culp. Davis, Administrative Law of the Seventies, 44 University of Chicago Law Review 260 (1976).

[25] James O. Freedman, Administrative Procedure and the Control of Foreign Direct Investment, 119 U. Pa. L. Rev. 1 (1970—1971).

[26] Matthew J. Matule, Congress, the Courts, and Regulatory Oversight after Meyer V. Bush: Should the Executive Office of the President Be Shielded From Congressional Sunshine?, 18 Vt. L. Rev. 823 (1993—1994).

[27] Sasha A. Mason, Freedom of Information Act, 66 Geo. Wash. L. Rev. 996 (1997—1998).

[28] Martin J. Silverman, Administrative Law-Freedom of Information Act-Agency Records (Forsham v. Harris Comments), 27 N.Y.L. Sch. L. Rev. 635 (1981—1982).

[29] Jody Freeman, The Contracting State, 28 Fla. St. U. L. Rev.155 (2000—2001).

[30] Jody Freeman, Extending Public Law Norms through

Privatization, 116 Harv. L. R.1285 (2002—2003) .

[31] Note, "Agency Records" under the Freedom of Information Act: An Analysis of Forsham v. Califano, 13 Ga. L. Rev. 1040 (1978—1979) .

[32] Greg Bass and Harry Hammitt, Freedom of Information Act Access to Documents of Private Contractors Doing the Public's Business, 35 Clearinghouse Rev. 607 (2001—2002) .

[33] Jay M. Zitter, What is Agency Subject to Privacy Act Provisions (5 U.S.C.A. § 552a), 150 A.L.R. Fed. 521 (1998) .

[34] Kevin W. Brown, What is "Agency" within Meaning of Federal Sunshine Act (5 U.S.C.A. § 552b), 68 A.L.R. Fed. 842 (1984) .

[35] Susan T.Stephenson, Government in the Sunshine Act: Opening Federal Agency Meetings, 26 Am. U. L. Rev. 154 (1976—1977) .

[36] Michele B. Galen, Administrative Law, 1981 Ann. Surv. Am. L. 747 (1981) .

[37] Craig D. Feiser, Privatization and the Freedom of Information Act: An Analysis of Public Access to Private Entitiesunder Federal Law, 52 Fed. Comm. L.J. 21 (1999—2000) .

[38] Martin J. Silverman, Administrative Law-Freedom of Information Act-Agency Records (Forsham v. Harris Comments), 27 N.Y.L. Sch. L. Rev. 635 (1981—1982) .

[39] Morton J. Horwiz, The Transformation in the Conception of Property in American Law, 40 University of Chicago Law Review 147

(1973) .

[40] Marjorie A. Shields, What Constitutes “Agency” for Purposes of Freedom of Information Act (5 U.S.C.A. § 552), 165 A.L.R. Fed. 591 (2000) .

[41] Andrea G. Nadel, What constitutes an agency subject to application of state freedom of information act, 27 A.L.R.4th 742 (1984) .

[42] Elizabeth Adelman, Data Wars: How Superseding Forsham v.Harris Impacts the Federal Grant Award Process, 21 J. Nat’l Ass’n Admin. L. Judges 105 (2001) .

[43] Paul M. Fischer, Brand Logo Recognition by Children Aged 3 to 6 Years: Mickey Mouse and Old Joe the Camel, 266 JAMA 3145 (1991) .

[44] See Paul M. Fischer, Recognition of Cigarette Advertisement Product Logos, 277 JAMA 532 (1997) .

[45] Michele Healy Ubelaker, Access to Grantee Records Under the Freedom of Information Act: An Analysis of Forsham v. Harris, 34 Sw. L.J. 993 (1980—1981) .

[46] Marshall J. Breger, Gary J. Edles, Established By Practice: The Theory and Operation of Independent Federal Agencies, 52 Admin. L. Rev. 1111 (2000) .

[47] Kirti Datla, Richard L. Revesz, Deconstructing Independent Agencies, 98 Cornell Law Review 769 (2013) .

[48] Charles Kruly, Self-Funding and Agency Independence, 81

George Washington Law Review 1733（2013）.

[49] Ira P. Robbins, The Impact of the Delegation Doctrine on Prison Privatization, 35 UCLA L. Rev. 911 (1988) .

[50] Jiwei Ci, Political Agency in Liberal Democracy, 14 Journal of Political Philosophy 144（2006）.

[51] Jodi L. Short, The Political Turn in American Administrative Law: Power, Rationality, and Reasons, 61 Duke Law Journal 1811 (2012) .

[52] Adler, The Framework for Research Into Direct Manufacturing Investment Overseas, 34 Law & Contemp. Prob. 3 (1969) .

[53] The Freedom of Information Act and the Exemption for Intra-Agency Memoranda, 86 Harv. L. Rev.1047 (1973) .

[54] Baker, Tax and Related Issuesunder the Foreign Direct Investment Regulations, 21 TAX LAW. 531 (1968) .

[55] Weeks, The Future of Investment Controls, 15 McGill L.J. 244 (1969) .

[56] Richard Neumeg, What is an "Agency" for purposes of 28 U.S.C.A. sec. 1345, Granting Original Jurisdiction to United States District Courts of Civil Actions by Any Agency of the United States, 51 A.L.R. Fed. 874 (1981) .

[57] Kenneth C.Davis, The Information Act: A Preliminary Analysis, 34 Chicago Law Review 761 (1967) .

[58] Beth Lazenby, The Right to Information and the FOIA: Shredding the Paper Curtain of Secrecy, 11 Hous. L. Rev. 717 (1973—1974) .

[59] What Constitutesan Agency Subject to Application of State Freedom of Information Act, 27 A.L.R.4th 742 (1984) .

[60] Andrew Yingling, Restoring FOIA's Reach tothe National Security Council, 22 CommLaw Conspectus 407 (2013—2014) .

[61] Ansley B. Barton, United States V. Nixon andthe Freedom of Information Act: New Impetus for Agency Disclosure?, 24 Emory L. J. 405 (1975) .

[62] Catherine F. Sheehan, Opening the Government's Electronic Mail: Public Access to National Security Council Records, 35 B.C. L. Rev. 1145 (1993—1994) .

[63] Richard H. Jones and William E. Findler, The Freedom of Information Act in Military Aircrash Cases, 43 J. Air L. & Com. 535 (1977) .

[64] Kara Karlson, Checks and Balances: Using the Freedom of Information Act to Evaluate the Federal Reserve Banks, 60 Am. U. L. Rev. 213 (2010—2011) .

[65] Victor H. Kramer and David B. Weinberg, The Freedom of Information Act, 63 Geo. L. J. 49 (1974—1975) .

[66] John M. Graham, Fair Administration of the Freedom of

Information Act After the Computer Revolution, 5 Computer L.J. 51 (1984—1985).

[67] David I. Levine, Using the Freedom of Information Act as a Discovery Device, 36 Bus. Law. 45 (1980—1981).

[68] Gregory L. Waples, The Freedom of Information Act: A Seven-Year Assessment, 74 Columbia Law Review 895 (1974).

[69] Marie Veronica O'Connell, A Control Test for Determining "Agency Record" Status Under the Freedom of Information Act, 85 Colum. L. Rev. 611 (1985).

[70] S. Elizabeth Wilborn, Developments under the Freedom of Information Act-1989, 1990 Duke L.J. 1113 (1990).

[71] Michal Vandebergh, The Private Life of Public Law, 105 Colum. L. Rev 2029 (2005).

[72] Robert H. Mnookin , Lewis Kornhauser, Bargaining in the Shadow of the Law: The Case of Divorce, 88 Yale L.J. 950(1979).

[73] Elena Kagan, Presidential Administration, 114 Harv. L. Rev. 2245(2001).

[74] Richard B. Stewart, Administrative Law in the Twenty-First Century, 78 N.Y.U. L. Rev. 437 (2003).

[75] Michele E. Gilman, Legal Accountability in an Era of Privatized Welfare, 89 Cal. L. Rev. 569 (2001).

[76] Gillian E. Metzger, Privatization as Delegation, 103 Colum. L.

Rev. 1367 (2003) .

[77] Martha Minow, Public and Private Partnerships: Accounting for the New Religion, 116 Harv. L. Rev. 1229 (2003) .

[78] Jody Freeman, Collaborative Governance in the Administrative State, 45 UCLA L. Rev. 1 (1997) .

[79] Philip J. Harter & George C.Eads, Policy Instruments, Institutions, and Objectives: An Analytical Framework for Assessing "Alternatives" to Regulation, 37 Admin. L. Rev. 221 (1985) .

[80] Sidney A. Shapiro, Outsourcing Government Regulation, 53 Duke L.J. 389 (2003) .

[81] Matthew D. McCubbins et al., Structure and Process, Politics and Policy: Administrative Arrangements and the Political Control of Agencies, 75 Va. L. Rev. 431 (1989) .

[82] Sean Farhang, Public Regulation and Private Lawsuits in the American Separation of Powers System, 52 Am. J. Pol. Sci. 821 (2008) .

[83] Lester M. Salamon, The New Governance and the Tools of Public Action: An Introduction, 28 Fordham Urb. L.J. 1611 (2001) .

[84] Cass R. Sunstein, Informational Regulation and Informational Standing: Akins and Beyond, 147 U. Pa. L. Rev. 61 (1999) .

[85] Susan Rose Ackerman, Progressive Law and Economics—and the New Administrative Law, 98 Yale L.J. 341 (1988) .

[86] Robert W. Hamilton, The Role of Nongovernmental Standards

in the Development of Mandatory Federal Standards Affecting Safety or Health, 56 Tex. L. Rev. 1329 (1978) .

[87] A. Michael Froomkin, Reinventing the Government Corporation, 1995 U. Ill. L. Rev. 543 (1995) .

[88] Colin S. Diver, Statutory Interpretation in the Administrative State, 133 U. Pa. L. Rev. 549, (1985) .

[89] Gillian Hadfield, Of Sovereignty and Contract: Damages for Breach of Contract by Government, 8 S. Cal. Interdisc. L.J. 467 (1999) .

[90] Ira P. Robbins, The Impact of the Delegation Doctrine on Prison Privatization, 35 UCLA L. Rev.911 (1988) .

[91] Cynthia Williams, The Securities and Exchange Commission and Corporate Social Transparency, 112 Harv. L. Rev. 1197 (1999) .

[92] Duncan Kennedy, The Stages of the Decline of the Public/ Private Distinction, 130 U. Pa. L. Rev. 1349 (1982) .

[93] David M. Lawrence, The Private Exercise of Governmental Power, 61 Ind. L.J. 647 (1986) .

[94] Daphne Barak Erez, A State Action Doctrine for an Age of Privatization, 45 Syracuse L. Rev. 1169 (1995) .

[95] Laura Suzanne Farris, Private Jails in Oklahoma: An Unconstitutional Delegation of Legislative Authority, 33 Tulsa L.J. 959 (1998) .

[96] Cary Coglianese , David Lazer, Management-Based Regulation:

Prescribing Private Management to Achieve Public Goals, 37 Law & Soc'y Rev. 691 (2003) .

[97] Richard B. Stewart & Cass R. Sunstein, Public Programs and Private Rights, 95 Harv. L. Rev. 1193 (1982) .

[98] Morton J. Horwitz, The History of the Public/Private Distinction, 130 U. Pa. L. Rev. 1423 (1982) .

[99] David J. Kennedy, Due Process in a Privatized Welfare System, 64 Brook. L. Rev. 231 (1998) .

[100] Robert C. Marshall et al., The Private Attorney General Meets Public Contract Law: Procurement Oversight by Protest, 20 Hofstra L. Rev. 1 (1991) .

[101] Cynthia R. Farina, Undoing the New Deal through the New Presidentialism, 22 Harv. J. L. & Pub. Pol'y 227 (1998) .

[102] Robert H. Mnookin, The Public/Private Dichotomy: Political Disagreement and Academic Repudiation, 130 U. Pa. L. Rev. 14299 (1982) .

[103] Jonathan R. Macey, Public and Private Ordering and the Production of Legitimate and Illegitimate Legal Rules, 82 Cornell L. Rev. 1123 (1997) .

[104] Louis Michael Seidman, Public Principle and Private Choice: The Uneasy Case for a Boundary Maintenance Theory of Constitutional Law, 96 Yale L.J. 1006 (1988) .

[105] Karl E. Klare, The Public/Private Distinction in Labor Law, 130 U. Pa. L. Rev. 1358(1982) .

[106] Tony Prosser, Social Limits to Privatization, 21 Brook. J. Int'l L. 213(1995) .

[107] David A. Sklansky, The Private Police, 46 UCLA L. Rev. 1165 (1999) .

[108] Lawrence Lessig, Cass R. Sunstein, The President and the Administration, 94 Colum. L. Rev. 1(1994) .

[109] David A. Dana, The New "Contractarian" Paradigm in Environmental Regulation, 2000 U. Ill. L. Rev. 35 (2000) .

[110] Douglas C. Michael, Federal Agency Use of Audited Self-Regulation as a Regulatory Technique, 47 Admin. L. Rev. 171(1995) .

[111] Harold J. Krent, Legal Theory: Fragmenting the Unitary Executive : Congressional Delegations of Administrative Authority Outside the Federal Government 85 Nw. U.L. Rev. 62(1990) .

三、判决案例

[1] Forsham v. Harris , 445 U.S. 169 (1980) .

[2] Wong Yang Sung v. McGrath, 339 U.S. 33 (1950) .

[3] Blum v. Yaretsky, 457 U.S.991 (1982) .

[4] Jackson v. Metropolitan Edison Co., 419 U.S. 345 (1974) .

[5] U.S. v. Southwestern Cable Co. 392 U.S. 157 (1968) .

[6] Ambrosino v. Metropolitan Life Ins. Co., 899 F.Supp. 438 (1995).

[7] Bowen v. Georgetown University Hospital, 488 U.S.204 (1988).

[8] United We Stand America, Inc. v. I.R.S., 359 F.3d 595 (2004).

[9] Mayo v. U.S. Government Printing Office, 9 F.3d 1450 (1993).

[10] Andrade v. U.S. Sentencing Com'n, 989 F.2d 308 (1993).

[11] Ramer v. Saxbe, 522 F.2d 695 (1975).

[12] Moore v. United Kingdom, 384 F.3d 1079 (2004).

[13] Philip Morris Inc. v. Harshbarger, 122 F.3d 58 (1997).

[14] NLRB v.Robbins Tire Co., 437 U.S.214 (1978).

[15] Common Cause v. Nuclear Regulatory Commission, 674 F.2d 921 (1986).

[16] Symons v. Chrysler Corporation Loan Guarantee Board, 670 F.2d 238 (1981).

[17] Rushforth v.Council of Economic Advisors, 762 F.2d 1038 (1985).

[18] Grumman Aircraft Engineering Corporation v. The Renegotiation Board, 482 F.2d 710 (1973).

[19] Soucie v. David, 448 F.2d 1067 (1971).

[20] Hannah v. Larche, 363 U.S. 420 (1960).

[21] Kissinger v. Reporters Commission for Freedom of the Press,

445 U.S. 136（1980）.

［22］Citizens for Responsibility and Ethics in Washington v. Office of Admin，559 F.Supp.2d 9（2008）.

［23］Meyer v. Bush，981 F.2d 1288（1993）.

［24］Judicial Watch，Inc.v. National Energy Policy Development Group，219 F. Supp. 2d 20（2002）.

［25］Voinche v. Obama，744 F. Supp. 2d 165（2010）.

［26］Judicial Watch，Inc. v. Department of Energy，412 F.3d 125（2005）.

［27］Expeditions Unlimited Aquatic Enterprises，Inc. v. Smithsonian Inst.，566 F.2d 289（1977）.

［28］Judicial Watch，Inc. v. U.S. Secret Service，726 F.3d 208（2013）.

［29］Energy Research Foundation v. Defense Nuclear Facilities Safety Bd.，917 F.2d 581（1990）.

［30］Dale v. Executive Office of President，164 F. Supp. 2d 22（2001）.

［31］Railway Labor Executives' Ass'n v. Consolidated Rail Corp.，580 F.Supp. 777（1984）.

［32］Washington Research Project，Inc. v. Department of Health，Education and Welfare，504 F.2d 238（1974）.

［33］Alexander v. F.B.I.，150 A.L.R. Fed. 733（1997）.

[34] Ciba-Geigy Corporation v. Mathews, 428 F.Supp. 523 (1977) .

[35] Citizens for Responsibility and Ethics in Washington v. Office of Administration, 566 F.3d 219 (1924) .

[36] Rushforth v. Council of Economic Advisors, 762 F. 2d 1038 (1985) .

[37] Cotton v. Adams, 798 F. Supp. 22 (1992) .

[38] Expeditions Unlimited Aquatic Enterprises, Inc. v. Smithsonian Inst., 566 F.2d 289 (1977) .

[39] Independent Investor Protective League v. New York Stock Exchange, 367 F. Supp. 1376 (1973) .

[40] Margaret Dong v. Smithsonian Institution, 125 F.3d 877, 326 U.S.App.D.C. 350 (1997) .

[41] Lazaridis v. U.S. Dept. of Justice, 713 F. Supp. 2d 64 (2010) .

[42] Rocap v. Indiek, 539 F.2d 174 (1976) .

[43] Armstrong v. Executive Office of the President, 90 F.3d 553 (1996) .

[44] Renegotiation Bd. v. Bannercraft Clothing Co., 415 U.S. 1 (1974) .

[45] United States v. Orleans, 425 U.S. 807 (1976) .

[46] Gillum v. Industrial Comm'n, 141 Ohio St. 373, 48 N.E.2d 234 (1943) .

[47] New York, C. & St. L. R. Co. v. Heffner Constr. Co., 9 Ohio

App.2d 174, 223 N.E.2d 649（1967）.

[48] Logue v. United States, 412 U.S. 521, 93 S.Ct. 2215, 37 L.Ed.2d 121（1973）.

[49] Irwin Memorial Blood Bank of San Francisco Medical Soc. v. American Nat. Red Cross, 640 F.2d 1051（1981）.

[50] State of Missouri, ex rel. Garstang v. U.S. Dept. of Interior, 297 F. 3d 745（2002）.

[51] Lakewood Residents Ass'n, Inc., v. Township of Lakewood, 294 N.J. Super. 207, 682 A.2d 1232（1994）.

[52] Illinois Institute for Continuing Legal Educ. v. U.S. Dept. of Labor, 545 F. Supp. 1229（1982）.

[53] Wolfe v. Department of Health and Human Services, 711 F.2d 1077（1983）.

[54] Berry v. Department of Justice, 733 F.2d 1343（1984）.

[55] U.S. Dept. of Justice v. Tax Analysts, 109 S. Ct. 2841（1989）.

[56] Connecticut Human Soc. v. Freedom of Information Co'n, 1990 WL 283966（1990）.

[57] Gilmore v. U.S. Dept. of Energy, 4 F.Supp.2d 912（1998）.

[58] Salt Institute v. Leavitt, 440 F.3d 156（2006）.

[59] Burch v. Pioneer Credit Recovery, Inc., 551 F.3d 122（2008）.

[60] Rubman v. U.S. Citizenship & Immigration Services, 800 F.3d 381（2015）.

［61］U.S. v. Haynes，620 F. Supp. 474（1985）.

［62］Krebs v. Rutgers，797 F. Supp. 1246，77 Ed. Law Rep. 238（1992）.

［63］Dennie v. University of Pittsburgh School of Medicine，589 F. Supp. 348（1984）.

［64］Hunt v Nuclear Regulatory Com.，445 U.S. 906，100 S.Ct. 1084（1980）.

［65］Symons v Chrysler Corp. Loan Guarantee Bd.，216 App DC 80，670 F2d 238（1981）.

［66］Pacific Legal Foundation v Council on Environmental Quality，205 App DC 131，636 F2d 1259（1980）.

［67］Grand Cent. Partnership，Inc. v. Cuomo，166 F.3d 473（1999）.

［68］National Sec. Archive v. Archivist of United States，909 F.2d 541（1990）.

［69］Ehm v. National R.R. Passenger Corp.，732 F. 2d 1250（1984）.

［70］Harold I. Abramson，A Fifth Branch of Government：The Private Regulators and Their Constitutionality，16 Hastings Const. L.Q. 165（1989）.

［71］Nixon v. Sampson，389 F. Supp. 107（1975）.

［72］Wolfe v. Weinberger，403 F. Supp.238（1975）.

［73］Gates v. Schlesinger，366 F. Supp. 797（1973）.

[74] St. Michael's Convalescent Hospital v. State of Cal., 643 F.2d 1369 (1981) .

[75] Illinois Inst. for Continuing Legal Educ. v. United States Dep't of Labor, 545 F. Supp. 1229 (1982) .

[76] Burka v. Department of Health and Human Services, 87 F.3d 508 (1996) .

[77] U.S. v. Jackson, 381 F.3d 984 (2004) .

[78] St. Michael's Convalescent Hospital v. State of Cal., 643 F.2d 1369 (1981) .

[79] State of Missouri, ex rel. Garstang v. U.S. Dept. of Interior, 297 F. 3d 745 (2002) .

[80] Department of Justice v. Tax Analysts, 492 U.S. 136, 109 S. Ct. 2841, 106 L.Ed.2d 112 (1989) .

[81] Forsham v. Califano, 587 F.2d 1128 (1978) .

[82] Evertson v. City of Kimball, 767 N.W.2d 751 (2009) .

[83] American Small Business League v. U.S. Small Business Admin., 2008 WL 3977780 (2008) .

[84] Werderitsh v. Secretary of Health and Human Services, 2005 WL 3320041 (2005) .

[85] Chicago Tribune Co. v. U.S. Dept. of Health and Human Services, 1997 WL 1137641 (1997) .

[86] Disabled Officer's Ass'n v. Rumsfeld, 428 F. Supp. 454

(1977).

[87] Alfred C. Aman, Jr., The Globalizing State: A Future-Oriented Perspective on the Public/Private Distinction, Federalism, and Democracy, 31 Vand. J. Transnat'l L. 769 (1998).

[88] Lybarger v. Cardwell, 438 F. Supp. 1075 (1977).

[89] SDC Dev. Corp. v. Mathews, 542 F.2d 1116 (1976).

[90] Temple-Eastex, Inc. v. NLRB, 410 F. Supp. 183 (1976).

[91] Warth v. Department of Justice, 595 F.2d 521 (1979).

[92] Coastal States Gas Corp. v. Department of Energy, 644 F.2d 969 (1981).

[93] Salt Institute v. Leavitt, 440 F.3d 156 (2006).

[94] Hercules, Inc. v. Marsh, 839 F.2d 1027 (1988).

[95] American Federation of Government Employees, AFL-CIO, Local 1923 v. U.S., Dept. of Health and Human Services, 712 F.2d 931 (1983).

[96] Edward Hines Lumber Co. v. Vulcan Materials Co., 861 F.2d 155 (1988).

[97] St. Michael's Convalescent Hospital v. State of Cal., 643 F.2d 1369 (1981).

[98] ITT World Communications, Inc. v. F.C.C., 699 F.2d 1219 (1983).

[99] Fisher v. F.B.I., 2013 WL 3054220 (2013).

[100] Dismukes v. Department of Interior, 603 F. Supp. 760 (1984).

[101] Powell v. Chase Card Services, 2014 WL 1213461 (2014).

[102] Sikes v. U.S., 987 F.Supp.2d 1355 (2013).

[103] Carlock v. Osborne, 2014 WL 2218211 (2014).

[104] Reich v. U.S. Dept. of Energy, 811 F.Supp.2d 542 (2011).

[105] Godaire v. Napolitano, 2010 WL 6634572 (2010).

[106] United We Stand America v. I.R.S., 219 F.Supp. 2d 14 (2002).

[107] Chevron U.S.A., Inc. v. Natural Res. Def. Council, Inc., 467 U.S. 837 (1984).

[108] Vt. Yankee Nuclear Power Corp. v. Natural Res. Def. Council, Inc., 435 U.S. 519 (1978).

[109] Lengerich v. Columbia College, 633 F. Supp. 2d 599 (2009).

[110] Tuchinsky v. Selective Serv. Sys., 294 F. Supp. 803 (1969).

后 记

这本小书是在我博士论文基础上修改而来的，其见证了我从一名在校博士生到大学“青椒”身份转换的全过程，并在修改、出版过程中再次唤醒了我对“行政机关”这一行政法基础概念及相关领域展开研究的兴趣。在此意义上，本书既是我求学阶段的一个总结，也是未来研究的一个起点。

本书主题的确立，盖源于 2008 年我国《政府信息公开条例》实施后，大量公共企事业单位经由条例第 37 条的规定成为法定信息公开义务承担主体的现象。为解决法条落地问题，学界出现了一批对公共组织甚至私人能否被视为行政机关展开讨论的成果。导师朱芒教授敏锐地察觉到该问题，并从法律解释适用及其背后的法理等角度启发我开展研究。在此基础上，我在硕士论文中以政府信息公开制度发展较早、制度较为成熟的美国法为观察对象，整理了联邦层面私人承担信息公开义务的司法判定标准，形成了一个领域内“何为行政机关”的认识。

在博士论文的选题过程中，我愈发感受到“何为行政机关”问题不仅关涉程序意义上责任主体的确定，还直接关涉行政组织法的逻辑展开、公私合作的责任分担以及国家—社会二元关系的动态变动等重要议题，因而最终选定在一般意义上研究“何为行政机关”，并希冀在认定标准及其影响因素两个方面有所创见、有所贡献。

然而，在深受大陆法传统熏陶的中国，对于通过美国法研究“何为行政机关”是否有隔靴搔痒之嫌，以及比较法的作业是否有充分意义等棘手话题，我进行了几轮的反复思索。感谢导师朱芒教授关于“研究的功能视角”“洋就洋透”方法上的启发，让我最终下定决心，从美国《行政程序法》《信息自由法》等成文法的概念出发，研究判例法形成、演进过程中的司法态度及一般理论，最后形成对于我国立法、实践有助益的视角和结论。

回顾整个研究过程，每个环节都充满着快乐，乐于如获至宝的文献，乐于拍案叫绝的论证，乐于自由轻快的探索。当然，最让人难忘的快乐，是身边有一群志同道合者在纯粹、热烈的讨论氛围中，始终与我同行、伴我成长。

感谢我的导师上海交通大学法学院朱芒教授。朱老师启发我开展学术研究、引领我走上学术道路，我的点滴成果和进步都饱含着他的心血。在这个“新词满天飞”的时代，朱老师亲身示范了一个学者骨子里应有的冷静、专业与独立，这值得我一生学习。今年是我跟随朱老师学习的第10个年头，希望能将这本小书作为献给他的礼物。

感谢中国社科院法学所周汉华教授、北京大学法学院沈岿教授。两位老师在政府信息公开、美国法等内容上精准且详致的意见，对博士论文的修改和本书的出版有着重要意义。感谢南开大学法学院宋华琳教授、同济大学法学院苏苗罕副教授，他们通过或提供思路或惠赠文献的方式鞭策着我不断推进博士论文的写作，并为本书撰写推荐语，这让我十分感动。

感谢素未谋面的 Jody Freeman 教授，她关于合作治理的系列文章是我研究过程中的重要营养补给，经常给我带来新的学术灵感。感谢国家留基委和 Margaret Lemos 教授让我有机会赴杜克大学法学院访问。至今，仍会时常回忆起在 Goodson 图书馆的充实岁月——大量美国法一手文献的获得，正是得益于馆中那台忙碌的扫描仪。

感谢都市法学习会 & 公法判例研读会上的诸位学友，他们是凌维慈、陈越峰、李泠烨、陈振宇、杨晓洁、陈晋华、姚作莲、徐健、卢超、李鸻等，正是在与他们的反复讨论中，本书得到充分锤炼并最终成稿。

感谢我的同校师姐、上海人民出版社冯静博士，她认真的态度和高效的工作促成了这本小书的如期面世。

感谢我的家人。尽管他们不是很了解我每天在研究什么，但电话中每一次的“家里都好，不必挂牵”都会让我心安。妻子王帅帅一直支持我的科研工作，繁重的工作之余还主动承担起照顾家人的工作，希望能让她过上更加从容的生活。

最后，本书受到华东师范大学法学院学术专著出版基金的资助，在此致以诚挚谢意。

王　军

2019 年 1 月于丽娃河畔

图书在版编目(CIP)数据

美国行政机关:认定标准及变迁/王军著. —上
海:上海人民出版社,2019
ISBN 978-7-208-15849-8

Ⅰ.①美… Ⅱ.①王… Ⅲ.①国家行政机关-研究-
美国 Ⅳ.①D771.23

中国版本图书馆 CIP 数据核字(2019)第 085466 号

责任编辑 冯 静
封面设计 一本好书

美国行政机关
——认定标准及变迁
王 军 著

出 版 上海人民出版社
(200001 上海福建中路 193 号)
发 行 上海人民出版社发行中心
印 刷 上海商务联西印刷有限公司
开 本 890×1240 1/32
印 张 9
插 页 2
字 数 277,000
版 次 2019 年 10 月第 1 版
印 次 2019 年 10 月第 1 次印刷
ISBN 978-7-208-15849-8/D·3411
定 价 45.00 元